簡樸女神

64 則激省策略 · 72 個省到爆妙招

周紹賢　著

—— 前言 ——

簡樸過日的本質，不是要你變摳

　　上個月好友 Rose 突然透過 line 打給我說，她老公已經跟她冷戰三個月，最主要原因是她準備開始過簡樸生活，把信用卡剪掉、休旅車賣了、早餐只有豆漿跟全麥饅頭，連第四台月租費也停掉，甚至把飼養已經 6 年毛小孩，送給同事養……。

　　這一連串節流動作讓老公覺得非常不爽。尤其看到她拿上個月才新買價值兩三萬的手機，拿去跟鄰居交換回一台二手變速自行車。種種不尋常舉動，讓老公更是火冒三丈，氣得差點就要離家出走。

　　其實 Rose 她的想法並沒甚麼不對，甚多知名企業家、好萊塢巨星、甚至到中國古代皇帝；他們生活曾經都簡樸到令人不敢相信地步。

　　就因為好友 Rose 在開始執行簡樸計畫前，沒有先跟老公好好溝通，才會引起這麼大風波。經過我一番解釋調停後，這人夫終於結束冷戰，也開始抱著一顆喜樂心，牽著 Rose 的手，繼續經營他們簡樸生活。

簡樸生活宗旨絕不是讓你變成一毛不拔，成為人人嘲笑的鐵公雞；而是讓自己過著無債務，清心無負擔生活。除了生活中最基本花費之外，將其餘省下來的，做為自己退休養老金。用省下來的錢，去幫助孤獨老人，或捐給更多慈善機構；或當成家裡一筆緊急備用金；來對應種種突發狀況。

而不是教你拼命省，留下大筆遺產數百萬甚至數千萬元以上，讓子女們未來相爭；對簿公堂。或不幸地，最後還讓自己一生打拼出來的財富，不幸遭政府接管，既浪費國家社會資源，也完全白費你一路堅持用心。

簡樸生活目的也在於讓你更懂得將省下來寶貴時間，去關心你的親友，關懷更多需要的人。然而簡樸過生活是一條艱辛、漫長道路。挫折、自尊、健康、毅力都會面臨極端殘酷考驗；直到你成功抵達終點為止。如果你願意跳脫目前雜亂無章，無任何規畫生活框架，現在就逐步開始踏上你的簡樸之旅吧！

40 則黃金定律

1、吃對才健康

踏出簡樸生活路第一步，首先你必須擁有健康身體，才能使命必達。如果工作過於忙碌，常常加班、外食、偏好甜茶飲、油炸燒烤物等，都可能會嚴重影響健康。除飲食必須清淡外，以每半年一次空腹八小時抽血檢查結果，請你的醫師對症下藥，這才是聰明的抉擇。

2、列優先緩急

接著自己列出一張清單，將自己認為生活中最重要；對你最有價值的項目列出幾個，然後逐一規劃。

3、檢視擁有物

想想目前已經擁有的成就如收入，嗜好、運動、聊天群組…etc，檢視哪些項目是你非常喜愛做的，對你來說有價值性，也值得你投入的。

4、掌管好時光

每天 24 小時當中，你是如何支配它？花了那麼多時間值得嗎？

5、工作簡單化

家事也好、辦公室工作也好，這些永遠也做不完，一些不重要的先剔除。把最重要的列為優先執行。

6、交流限時間

　　生活當中我們總是電話講不完、聊天個不停、email 灌爆信箱；你可以每天集中固定一小段時間來溝通交流，不須讓寶貴時間變成既無效率又支離破碎。

7、限媒體娛樂

　　像是電視節目、網路、社群媒體等，你無妨逐漸縮短接觸時間，將其餘時間處理更有意義事務。

8、丟包身外物

　　利用假日將家裡一些不實用東西，像是縮了水的衣物、孩子玩偶、不堪用大小家電等，或上網拍賣或乾脆丟棄它。

9、清空房內物

　　房間內一些雜七雜八東西，像是過時雜誌、沒有油的原子筆、破舊毛毯一一清空，減重心靈負擔。

10、雲端大倉庫

　　電腦用一段長時間之後，暫存檔（*.tmp）要全刪掉之外，你儲存檔案可將它存進雲端，經過一刪一上傳雲端後，你的電腦體態就會更輕盈。

11、獨處小片刻

　　每天給自己留一段時間，或發呆或禱告或出外散心都好，那小段黃金時間不要讓他人以任何方式干擾。

12、友情需續溫

　　偶爾找自己最愛的朋友或學生時代死黨，碰面喝咖啡，讓好情誼持續加溫，從今時直到永遠。

13、清廁所抽屜

　　特別是抽屜裡往往殘留迴紋針或橡皮擦屑，或一些早該丟的文件，或浴室裡也須瘦身清理清理。

14、衣櫃大清倉

　　把自己最喜歡幾套服裝留著就好，不需繼續讓掛滿衣架服裝，霸占你衣櫃空間。

15、刪物質慾望

　　我們的慾望就像溪壑一樣深，不會有滿足的一天，簡樸生活也是要你物質欲望減到最低。

16、每天守常規

如每天早上甩手運動 10 分鐘，如午飯過後外出散步，如每個晚上睡前按摩穴道。

17、求五臟六腑

每天替自己身體內所有器官祈禱讚美祈福。如果有胃疾就替胃禱告、如果眼睛不舒服，也是可以替雙眼祈福，你愈讚美它，你身心都會變健康。

18、才藝大方秀

盡量把自己才華秀出來，展現妳與眾不同魅力。無妨參賽台灣那麼旺歌唱競賽節目，說不定還有機會當明日之星呢。

19、行囊的守則

即使出國也是如此（看出國時間長短），行李箱能愈簡單愈佳。行囊過多終究還是一種額外負擔，容易讓你無時無刻擔心著它會丟失。

20、事少離家近

當然想找個薪水高，事情少，辦公室又離家很近工作是可遇不可求的。但無論如何，如果能先有上班地點近在咫尺優勢，對於執行簡樸生活幫助會很大。光省下時間成本跟交通費，無形中會減輕掉你大半壓力了。

21、愛愛前思量

你還須堅持忠心於你的性伴侶，婚前也好（很多宗教都禁止婚前性行為）婚後也好；都須嚴守神的誡命。如果有淫亂情事發生，相關惡疾容易纏身，也會跟著阻礙你簡樸生活旅程難以持續下去。

22、30 分效益大

每天試著比以往早起 30 分鐘，慢慢你會發現多了 30 分鐘時間，可以做早飯，做個運動…，上班也無須拼命趕，讓自己焦慮萬分。

23、忌妒放兩旁

羨慕別人擁有財富、擁有智慧、擁有天使般臉孔，愈忌妒愈傷神，更違背簡樸過日基本精神。

24、團購是王道

跟人家合買是聰明的選擇，其差價往往可便宜到單買價格的 70%。

25、限量品再賺

簡樸生活中，盡量買二手貨就好（注意來源絕對合法），最好能再挑到限量發售東西，像是骨董計時器或 30 年代歐美收音機，你買到還會賺到。

26、物品租卡好

腳踏車或影印機或室內花盆，用租的往往比購買還划算。

27、以物易物佳

我的老筆電跟你的舊手機交換，我的老茶葉跟你的普洱茶交換；只要兩方願意，它就是圓滿的 Barter 交易。彼此不需多花心思處理上網拍賣繁瑣事宜。

28、免費最聰明

往往超商或一般商家偶會提供免費咖啡或貼心小禮物，多注意諸如此類消息，也能替你省些錢。

29、找免費軟體

參加遊園會找攤位拿贈品，到房屋仲介公司要 memo 紙，或紀念品（原子筆）凡是免費提供的，不須含蓄，全部拿回家就對。

在 giveawayoftheday 網站，每天都有免費軟體大方送。

30、多功能機器

如冷暖氣,如 10 種用途瑞士刀,如可播放 mp4、CD、DVD、DAT(數位錄音小卡帶)多重機能重低音手提音響(一台抵多台),其 CP 值才高。

31、東西用到爛

如果你慾望永不停止,你擁有十個城堡大空間,也容納不下天下寶物。企業名人都可以一條毛巾用個 30 年沒換,我們是否也應以他為師呢?

32、登門推銷 No

一律婉拒主動上門推銷者,這類型陌生拜訪方式讓我們沒安全感,可能售價隨他喊,高出同級商品價格甚多。也可能品質有問題,也可能他突然亮出凶器直接傷害屋主,不能不提高警覺。

33、借貸買股票

其實股票本身是良好的投資工具(地雷股例外),眼光看遠多聽他人的股票經有助於你選股判斷;不過要是跟銀行親友借貸來做短期投機,一不小心會血本無歸,又得背負沉重利息。你的人生將變得黑暗無比。

34、訂金別亂付

看了喜歡東西馬上付出訂金，多數人都有如是習性，然而往往在自己經過冷靜思考後，後悔並要求退訂，才發現訂金只要付出，很難悉數要回。

35、民法有規範

固然民法對於工作承攬合約雙方權利義務相關規範很多，委託者多半要先預付總承攬額 30%～ 50%當訂金，承攬者才開始幫你做房屋修繕或頂樓加蓋有機菜園。然而部分承攬工作者，可能直接擺爛，耽誤工作進度，讓你後悔不已。除非對方值得信任，否則絕勿輕易付出任何定金。

36、每年海外行

簡樸過日 360 天後，不須變摳，無妨跟家人來個海外逍遙遊，犒賞全家同心合力成果。

37、清學貸車貸

設法盡早將學生貸款，車子貸款盡早還清，避免負債日益沉重。

38、提撥退休金

自己退休後醫療費，看護照顧費，身後事辦理費規劃也是需未雨綢繆。

39、儲備 9 月金

　　萬一公司老闆要歇業，萬一新工作又沒著落，這時就得動用家裡的「就業安定金」，不需跟親友借貸看人臉色。安定金最少要儲備到平常每月支出的 9 倍才安全。也就是說至少在家計陷入困境開始，還可勉強撐 9 個月沒問題。

40、簡樸過日子目標法則

　　最簡單又最能夠裡想達到你簡樸過日子目標法則就是，萬萬物物都盡量自己做，做沙拉、做小孩便當、自己種菜、自己做洗劑、做健康蘋果醋（只需買青蘋果切細片再準備一些冰糖就成了，就是這麼簡單）。

達到省錢目標

　　至於一些自己無法從頭到尾包辦製作的，你的策略可參酌以下方式來達到省錢目標：

1、第二杯半價

喜好喝咖啡的你，可利用很多商店第二杯半價優惠促銷檔期，多捧場或主動開口替同事跑腿代購，無形中你跟同事拿全杯價錢後，真正付給商店的金額立即有25%現金回饋（跟同事明說加收走路工，對方多半能接受的）。

2、自備飲用水

飲用水盡量自備水瓶帶出飲用，除非家裡沒有桶裝水，也沒過濾水，那就另當別論；以包裝水為例，如果你在便利商店買，小小一瓶就得花上20元（說不定一些雜牌瓶裝水，還藏有塑化劑）。

3、量販店紙盤

紙杯紙盤如果家裡小孩多用量大，量販店裡紙盤會是不錯選擇，擔心紙杯會有殘留物就先別購買，除非品牌值得信賴；紙盤上面可放透明塑膠袋，食物直接放在塑膠袋上，用餐完畢直接丟棄。你不需要買洗劑沖洗盤子，也無須洗盤子或再用烘碗機烘乾，可節省你很多寶貴時間。

4、提款也要省

提款卡雖然可愛，卻也很容易讓你漏財；當你心血來潮想買東西時，你往往不會考慮每次跨行提款或轉帳消費就必須支付5～15元不等手續費。如果你懶得走到自己卡片發行銀行ATM提出現金，同樣也是要支付15元代價，提領愈多，你就浪費更多。

5、副品嘛 OK

　　通常電視上廣告量大的或直接從國外進口商品，我們會稱他是正品（包括平行輸入），而品質大同小異，價錢與正品相差大的，我們稱他為雜牌或副品；其實只要商品通過 SGS 認證或有輸入許可證號，都可以安心購買，有國家認證背書，還能幫你省錢，何樂而不為？

6、全穀物健康

　　全穀物營養品有很多營養跟膳食纖維，甚至有鎂、鈣、鉀、鋅或 B 群等等，都是你健康最佳屏障。

7、超市水果經

　　超市裡冷凍青菜水果也是簡樸生活另一選擇；除了某些特殊水果被黑心中盤商大量冷藏囤積等待非常時機釋出之外，通常價格會比市面上價格來的便宜（有機商品例外）你不必搶著買過時蔬果去多付額外錢，當令果蔬多半因量產過剩售價相對便宜。當然你也可以在買些當季果蔬互搭，就不會擔心自己是否營養不夠問題。

8、餐具多巧思

　　孩子食慾在你開始要執行簡樸生活後，可能菜色變少，或因崇尚天然關係，孩子食慾立刻降低，讓你非常苦惱。碰到這樣情形，只要到店裡面買可愛圖案餐具給他們，即使晚餐只有蛋炒飯，然經過可愛漂亮餐具襯托後，孩子會跟著食指大動，你的焦慮也消失無蹤。

9、沙拉靠創意

　　生菜沙拉如此簡單料理不會做的主婦可能少之又少吧，在便利商店小小一盒就得花 50 元以上。自己做的話，喜愛的酸度甜度風味都可以自己調整，只要百來元就可做出好大一盤，讓一家大小吃得開開心心。

10、白醋立大功

　　便宜白醋除了有護衣效果外，也能回復被洗衣精帶走的色澤。想要達到雙重效果，只需要在洗衣機裡平時放柔軟精的地方加入一點白醋就可以了，更不要擔心衣物殘留醋的味道，衣物經不停的循環洗滌後，衣物醋味自然消失。

11、橄欖油與醋

　　橄欖油與醋，以 2：1 的比例混合後，用餐巾紙擦木製家具，家具表面更亮看起來就像剛買的一樣。

　　最後一次洗滌時，加入白醋（衣物多可放到 150cc），有抑菌效果；也能讓衣物觸感更加柔軟。

12、玩具可交換

　　小孩玩具跟女人衣服一樣永遠都嫌少，玩具更像無底洞，如果讓小孩有求必應，容易讓你存摺變瘦。再說，一般有小孩家裡都會有好幾十種玩具滿滿堆在小孩臥室或客廳，小孩玩久了自然會膩，老是吵著要買最新的。這時你可打個電話請好友，在周末帶他們家寶貝玩膩的玩具過來，彼此交換著玩，減少無謂浪費。

13、充電在線上

　　圖書館數位化腳步已經到了令人讚嘆不已地步，電子書影像光碟；甚至閱讀器應有盡有。你都可以租回家觀賞，同時有很多線上進修課程，等待你報名參加，而且免費居多，有那麼多才藝運動或哲學課程進修，都能讓你增廣見聞。

14、主廚自己當

　　上餐館大吃大喝是很愜意的，因為有人服事你，有人幫你打包豐盛剩菜，有人幫你 parking，但是餐廳老闆必然是將本求利，利潤有多少成他早將幫你算好好的。在餐廳享受的代價自然比起你自己在家料理要高很多。另一個考量點是餐廳裡師傅多半習慣以重口味來吸引客人，然而就實際健康面看，油炸燒烤料理，或德國豬腳等都容易讓你血脂血糖飆高，如果自己下廚，至少食物熱量、鈉量攝取你還可掌控適當，讓全家人吃來更安心。

15、週日擬菜單

利用放假時候，先將未來一禮拜要買，要料理菜單簡單列出，再看看冰箱裡還有哪些食材還沒料裡的，全盤 review 完，再上市場一次購足，省錢又省工。

16、超市陷阱多

超市最常用促銷法就是，先寄發宣傳單到家裡，上面列出各種不同消費折扣吸引你上門；像蔬菜單把 5 元，蘋果 3 個 20 元等等，等到你去逛時，你難免會產生衝動購買，一時興起買了滷牛肉或燕麥片。超市裡所放的音樂同樣有致命吸引力，讓你放鬆心情時刻，多花一些非計畫購買的商品。

17、蛋白質替代

蛋白質對人體重要性是眾人皆知，不過它的代價可是滿高的。在一些大醫院中，小小一瓶白蛋白可能就得花上 1500 元，它存在於雞肉牛肉豬肉跟於裡面。你可考慮一個禮拜中吃幾次乾豆類跟蛋，來替代昂貴含蛋白質食物，達到節流目標。

目錄

第一章

20 位名人
簡樸生活觀

智慧人家中積蓄寶物，膏油；
愚昧人隨得來隨吞下。

- 箴言 21:20

1、一國之尊不敗家

　　或許你心目中會以為美國總統退休後生活應該很愜意，愛怎麼敗家就可以盡情花大錢去追逐，然實際上的美國前總統吉米卡特 jimmy karter，每天都會偕其愛妻一道外出散步，他們嗜好竟是如此簡樸，不需花錢，就達到放鬆心情與健身效果；此外它們喜愛游泳、畫畫、觀賞電視比賽節目，生意人想賺到他們錢，還不容易呢？

2、英國王子惜舊物

　　位居一人之下萬人之上英國查爾斯王子，固然出入都有皇室名車代步，但日常生活卻是簡樸到家。他腳上所穿那雙鞋子跟上身衣服，都還是購自 70 年代的舊衣物。他崇尚節儉，厭惡不必要浪費；他更認為自己已經是一國之尊，更應以身作則，來達到國富民強目標才是王道。

3、超級唱將大省婆

　　Carrie Underwood 凱利恩德伍這位超實力派唱將，聽過她唱 How Great Thou Art（上帝祢真偉大）就會知道其唱功凌駕惠妮休斯頓之上。以她令人欣羨年收數字角度來看，就算她每天都是享用鮑魚、魚翅、高檔燕窩，滿漢大餐，揮霍個幾代都沒問題。

　　然而實際上她卻是一個喜愛自己在家做菜用餐的名人，如果她外出演唱，午餐盒也是從家裡做好帶出來。在很多人看不起眼的折價券，這位巨星同樣樂此不疲蒐集抵用，其簡樸行徑值得學習。

4、身價百億治裝 780

超級巨星珍妮佛羅佩茲 Jennifer Lopez 根據美國財星雜誌調查，她身價在 340 億美元以上，一般人都會想她必然會過著皇室貴族般生活，衣服一套數十萬，或是經常享受五星級餐廳美食⋯結果有一次她受邀美國超級偶像節目時，她坦承身上所穿粉紅色洋裝只花台幣 780 元而已，她話一說完，全場觀眾不約而同發出不敢相信的讚嘆聲。

5、落跑新娘愛簡樸

以麻雀變鳳凰一片紅遍全球演員茱莉亞羅波茲 Julia Roberts 靠著她精湛的演技先後奪下很多獎項，片酬也水漲船高，雖然事業風光，她私底下生活比起你我還更簡樸。她自己承認服裝少得可憐，根本不像是一個女人所最起碼應有的數量；此外她有自己有機菜園、小孩衣服多半是她親自製作。

P.S. 生於 1967 年美國 Georgia 喬治亞州 Atlanta 亞特蘭大身高約 5 尺 9 吋，有好萊塢天后美譽，她在影壇所創下的紀錄，不但是空前也是絕後：

＊只要是她所主演片子，平均每片子酬勞就可賺入美金 7 千 1 百萬。

＊身價在 60 億元（台幣）以上。

＊只要片子開始上映，在第一週，平均都會有 1 千 7 百萬美金票房成績出現。

＊在 Runaway Bride 落跑新娘片子裡，她甚至創下美金 1 億 5 千 2 百萬票房輝煌紀錄。

＊共獲得 9 次美國親善獎至高榮譽 People's Choice Award。而她更

三度登上 Academy 艾美獎最佳女主角寶座，以及榮獲金球獎等多項最高榮譽。

原本她從學校畢業後想從事獸醫方面工作，不過後來卻轉進新聞工作發展，也曾想參與美國肥皂劇『我所有小孩 All My Children』跟試聽方面發展，卻同樣遭到製作單位拒絕門外，敗興回家。她自己認為，對很多演員而言，如何確保身材不走樣，的確壓力大，但是她卻從來不會因此有煩惱。雖然自己很喜歡各國美食，但往往面對各式珍饈同時，她告訴自己，生活一定要簡樸。

她的理財觀裡，卻處處都充滿了逆向思考元素，雖然她已經是名符其實超級巨星，但在理財方面她卻看法是：『**財富一種看不到安全的東西，容易讓人為之迷失**』。所以她自己根本不會去特別在**意銀行裡擁有多少財富**，或日後又要怎樣拼命追逐、如何能永久擁抱！她更認為自己很幸運，特別受到上帝眷顧，常常意外獲獎、獲得大筆大筆收入，她非常感謝神賜給大恩典，順服神的旨意，決不刻意積蓄財寶。就拿她購屋置產為例：一般人一定以為片酬高達數千萬美金的巨星，如果沒有購買遊艇，也至少會買一棟最科技先進豪宅享受才對，但事實剛好相反，她為家人買的是一棟舊成屋，根本不是新奢華豪宅，提到裡頭裝潢，她花費更為保守，並沒有像一般人想法一樣，一住進後就花大錢，一次就把所有裝潢搞定，反而是一個房間一個房間，階段性的加以儉樸裝潢。

她認為如果做法想法不是這樣，就是一種奢華表現，身為虔誠基督門徒，自然會保守自己一顆聖潔心，不會有浪費行為出現；也唯有這樣，才能真正討神喜悅。

從這位影壇天后購買中古屋，不買新豪宅，居家裝潢不花大錢，不在生活中刻意積蓄財寶，從其日常生活表現諸多逆向思考軌跡觀察，是否也讓我們聯想到經營之神王永慶的經營格言『勤勞樸實』。而他們思路之間，竟是如此不謀而合呢！

6、大亨省錢設限多

英瓦康普洛 Ingvar Kamprad 名字可能你從來沒聽過，如果是Ikea 來自瑞典家具品牌的話你就有印象了，英瓦康普洛先生正是Ikea 品牌創辦人，其身價最少在 450 億美元以上，這麼有錢大亨他出差只訂經濟艙不要商務艙，買衣服還是去跳蚤市場挑選，他更認為花錢買高檔貨是不好的習慣。

7、Jk 羅琳大方捐

Jk 羅琳 J.K.Rowling 小說家靠著她絕妙創意撰寫出哈利波特一系列作品，其身價已超過 300 億台幣。她雖坐擁金山仍然過著一般人簡樸生活，把絕大部分版稅收入都捐給慈善機構，她的衣服多為低價買進，她也承認每天生活很無趣，但這正是他所希望的簡樸日子。

8、女神 GAGA 拒奢華

一般人眼裡這位女神簡直就是一台優質吸金器，日賺斗金輕而易舉；然而現實生活中，在超市或購物中心都可以捕捉到她手拿著大把優惠抵用券，或她跟著大家排隊搶購購物中心拍賣品身影，她習慣在家做菜，節省外食開銷。

9、總統歸鄉窮到底

裘思穆吉卡 Jose Mujica（烏拉圭前總統）是舉世公認最貧窮總統，他不要住進國家給他好房子，寧願帶著妻子回到鄉村，自己種花自己賣。每個月他可拿到約 35 萬台幣終身俸，不過他立刻將90%捐給很多慈善機構。

10、慈善公益搶第一

以鐵達尼一片崛起李奧納多 Leonardo DiCaprio 是好萊塢巨星中，最熱心公益一位，他成立基金會，成功籌募到 9000 萬元給野生動物保育機構，另外的 4 億餘給地球環境計畫機構。目前身價 60 億元的他，代步工具也不是甚麼賓利為或勞斯萊斯，只不過是豐田 Toyota Prius 而已。他買了貝里茲附近小島，準備淡出螢光幕後，搬過去那邊過真正簡樸生活。

11、股神手機老古董

身價 700 億美元也是美國第二富有企業家「華倫‧愛德華‧巴菲特」，他並沒因富可敵國過著帝王般生活，他還是住在奧哈瑪，內布拉斯加州 Omaha、Nebraska；一個 50 年代老屋裏面，更令人敬佩的事，他將 99% 資產全捐給了慈善機構，自己過著簡樸生活，他喜歡麥當勞套餐跟櫻桃可樂，在家觀賞 TV 運動比賽節目，吃垃圾食品、打打橋牌。他用的手機還是早期 Nokia 折疊式（根本不是 iphone），皮夾跟西裝至少都用了 20 年以上，他也一樣喜歡折價券。

12、女皇美德省出名

當今伊莉莎白女皇二世天冷時僅以電暖器，而捨棄壁爐生火取暖，她喜歡以水果養生，自己也會一個人到 Tesco 量販店或一般超市買食物，論其財力，想聘請名廚伺候三餐，輕而易舉，不過她並沒這麼做。早餐就是玉米片跟一杯英國茶，非常簡單；在她衣櫥裡服裝屈指可數，有幾套裝還是三、四十年前留下來的，一般人收到禮物後多半將包裝紙或漂亮絲帶給扔了，但伊莉莎白女皇不但不丟棄，還再加以全部整理收藏好好的。準備下一次拿來包裝禮物。

13、道光皇帝忌浪費

從中國歷代皇帝政績來看，揮金如土，懶得上早朝，跟 9000 後宮佳麗睡覺而短命亦不少。但清朝道光皇帝的節儉美德，始終為世人傳為佳話。他的衣服總是破了再補、補了再穿上去、根本沒看過他穿新衣過。還有按理說皇后過生日，那可是一件大事，家家戶戶都得以虔誠的心，為她祈福，連文武百官也都須有所「表示敬重」，必須送一些貴重禮物，才不至於自己烏紗帽莫名其妙就被摘掉。但簡樸成性道光皇帝卻預先告誡文武百官，任何人都不能送禮。不僅如此，他還規定宮女，僅可以在特殊節日才能吃肉，連妃嬪也禁止使用昂貴化妝品。連她們的衣服，都規定不能光鮮亮麗，愈簡樸愈佳。

14、比爾蓋茲不愛鑽

　　身價高達美金 930 億美元，世界第二富有的比爾蓋茲 Bill Gates，你絕對無法想像他戴的手錶價值僅新台幣 300 元。不僅如此，他在家裡，也會親自洗碗盤，不使用電洗碗機來達到省電目的。他承認絕不會將無謂的錢用來買高檔服裝。至於金飾與貴重珠寶名鑽，從來就不會想擁有它。

15、成龍簡樸近乎摳

　　成龍的本名是陳港生，出身貧困家庭，因而養成節儉習慣。戲中我們看到他跟美女在高檔餐廳享受美食，然而舞台下的巨星，可是物盡其用到極點。洗手的肥皂要洗到薄薄一小塊才會丟棄，拍戲當中，便當沒吃完也不會順手就丟，帶回家稍加變化，再拿出吃；飯粒掉到地上也會撿起來吃，居家出門隨手關燈，就連上廁所衛生紙每次都只拿一張使用。

16、周潤發是殺價王

　　以他超高人氣，一年拍幾支廣告片賺個幾千萬，是輕而易舉的事。然而這位巨星相當愛惜自己羽毛，在台灣僅選擇維士比液當廣告代言人。他身上穿的還是舊的羽絨服；上了菜市場也不忘跟賣菜賣肉老闆殺價；到鞋店買鞋，老闆看到他就頭痛，因為早知道他是萬物皆殺，毫不留情；他還喜歡在家做飯，最喜歡的運動就是爬山，他總認為爬爬山，根本不需花錢就能達到健身效果。值得大家學習。

17、費玉清超省傳奇

本名張彥廷的費玉清也是出了名簡樸藝人，傳聞他的房產總值破 20 億。衣服款式只有中山裝跟幾套西服，長褲上那一條皮帶嘛，一用就是 15 年沒換過。

18、王永慶簡樸摘冠

這位最富傳奇最廣為人尊重的企業家，他的毛巾一用就是 30 年沒換新過，出差美國住宿飯店給小費 150 元。喝咖啡時更是省到不行，當奶精倒入咖啡杯時，他還會用小湯匙舀起杯中咖啡，再將奶精球底剩餘的奶精稀釋洗淨，再倒回杯中。如果是宴客餐桌上絕對不可能出現紅酒與魚翅，反而是家常小菜，菜脯蛋。

19、郭台銘省錢男神

他那張座椅一用就是十幾年沒換過，會議室更陽春，沒有壁畫，沒有漂亮燈飾，地毯也是便宜的。你很難想像已經擁有私人飛機，有著 cost down Terry（省錢智慧王封號）郭台銘，其節儉的公司文化同樣是讓業界嘖嘖稱奇。

就以員工請領文具例子來說，這根本是小事情，很多公司只需跟管理室口頭索取就可以。但鴻海公司必須填申請單。主管還會追問那你要領直尺？舊的哪裡去呢？往往很多部屬經這麼一問，乾脆作罷。如果員工申請白板跟用筆，請購單還是會遭駁回，主管同時會在申購單上批示"先去工廠區各角落找"，最後這位員工花了一番功夫，總算找到舊的白板跟用筆。

鴻海集團經營策略也是以省致勝，在搶國際大廠訂單時，他報價總是最低，甚至低於成本，但只要一搶到訂單後，設法創造附加價值，讓原本低價接單幾乎無利潤劣勢，來個大翻轉。同時卯足全力將交貨期提前很多時日，降低成本。除活用低價優勢策略外，運用大陸、捷克、印度廉價勞工，有效發揮"一地設計、三區製造、全球交貨"的超省策略，大大降低製造成本。

郭台銘就靠著降低公司製造成本、多國廉價勞工、代工報價更低、品質更好，送貨地點離國際大廠近賣點，成為業界矚目焦點。

20、節流稱霸李嘉誠

總資產高達 1200 億美元（超過比爾蓋茲 900 億美元）富豪，你猜他戴的是百達翡麗錶還是 AP 錶或勞力士錶？其實都不是！他買的是台幣一萬元左右 Citizen Eco-Drive 星辰動能錶而已。他總是將手錶撥快半小時，時時注意自己時間成本。他的辦公桌上，只有電話、電子鐘，及簡單的便條紙及筆，沒有文件、更沒檔案、沒相框，辦公桌面積大到可同時與 5 至 6 人開會。數十年來青菜，米飯和魚類都是他最愛，認為上網會浪費寶貴時間，只會用來查閱公司的資料。

跟張忠謀一樣，喜歡大量閱讀書籍，他衣食住行都非常簡樸，數十年如一日。他更認為不管多富有，對子女應該培養他們獨立自強特質，不能寵壞、更不能讓他們有任意揮霍的生活習慣；對於自己衣服和鞋子品牌也不講究。西裝一穿就是十年八年，皮鞋壞了，就拿去補，好了續穿；在公司與職員吃一樣的餐；到了工地，也是跟工人吃一樣的飯盒。房子仍是 50 年前老洋房，既不抽煙、也不喝酒、更不打牌，其實光從他只買動能錶動機就明瞭他是多省的大富豪；因為只要有陽光地方，錶就會自己充電，根本不須再花錢更換新電池，理財 IQ 實在高。

第二章

104 個
簡樸策略

有錢就是龍，無銀就像蟲

1、單卡多方便

　　盡可能將提款卡集中成單一（唯一）張使用，避免有了多張之後，容易搞混或存錯或轉帳出錯尷尬情事。至於考量哪一家銀行卡片主要因素，當然是以能多賺利息跟她人（或客戶）會經常往來銀行帳戶為優先。再者，每次轉帳費用從 5 元到 15 元不等都視為浪費，不要因為銀行提供新開戶禮物而有所心動，變成多卡族，卡片一多後，會變成難控管帳戶裡的錢進進出出。

2、電視不多看

　　最好是少看電視，它會無形中浪費掉妳很多寶貴時間，再說也會讓電費增加。而往往電視插播廣告片容易讓你想買這保養品，又想買那個精品錶，多花些時間陪陪家人，更切實際。

3、古物快拋售

　　曾因養殖紅鸚鵡、海馬，最後血本無歸人很多，收集古代錢跟民國 40 年前後全新郵票首日封朋友，想拋售它都無門也大有人在。總而言之，原本收集古物想一夜致富者，往往無法心想事成。在此接近世界末日來臨前關鍵時刻，無妨停止你收藏習慣，可以賣的就盡量拿出賣，什麼時候股票變廢紙，房產價格大崩盤，都可能發生；能拋售就盡量拋售它。

4、回饋騙很大

不要認為現金回饋會讓你平白受惠，那都是生意人噱頭，很多購物中心或一些商店都有提供會員真實買 3000 元送 100 或 300 元立即回饋活動；其實你如果甚麼都不買，店家根本賺不到你的錢。為了賺那現金回饋，自己卻多買了些不是很需要的東西，從任何角度看，都是愚昧行為。

5、聚餐大革命

你也可以開始改變餐廳請客型態來節省開銷。一般都是主人約好友上餐館大快朵頤，既浪費找尋停車位時間，還得多付小費或 10 趴服務費等等，如果改成聚餐時刻，由朋友各自準備一盤料理過來，如此一來，省錢省事，裡子面子也都顧到了。

6、重機別急送

台灣出生率之低排名世界第一，少子現象最大缺點是父母容易溺愛。甚多未成年子女就擁有超跑或豪宅，也多有所聞。其實給孩子的愛除了真正付出關懷外，給他們禮物，是不須貴重，反而是要讓他們知道，成功來自 99 次失敗。如果送機車給子女，不須送重機。如果送車子，基本款陽春車就可以了，一但價格不斐禮物到手後，往後父母更難滿足他們的慾望。

7、銀行多議價

銀行對於數字精算能力無人能比，銀行總收入中來自發行金融卡信用卡手續費利息也不少。然而無論你跟哪一家銀行借貸，利率多少都是可以議價的，比方有朋友介紹或提供抵押品比人家多，或你商業上帳往來數字夠大，都可獲得更優惠利率。你記住一個原則：銀行雖然錢多多，如果賺不到足夠利息錢養員工，銀行一樣會倒閉。能議價多議價，爭取多一些優惠。

8、衛浴需清爽

浴廁裡最容易有一些瓶瓶罐罐東西佔據空間，洗髮精、香水、漱口水等好多好多，如果洗髮精瓶子已經見底，可以加入自來水搖一搖，用來清潔洗手檯，或浴廁地面，如無法廢物利用，就將它讓垃圾車回收。

9、多水多健康

每天至少喝 1500cc 水可增加代謝能力常保健康，多喝水另一個好處是比較會讓身體有飽足感，相對地，你所需三餐食量跟著減少，伙食費也會少一些些。

10、掌握自煮權

對於懶人來說，確實速食店各式餐點跟便利商店裡調理包最方便不過，然而最儉樸生活方式，還是以自己在家下廚房為主，只需花一個小時左右時間就可以做好一星期食物。再說一般速食店套餐都經高溫油炸，而便利商店微波加熱食品，售價也不斐，容易增加妳額外支出。

11、分食多等分

簡樸砂鍋燉菜料理很方便，也值得妳參考，每次做完後分成 4 等分，馬上要吃的端出桌面其餘 3 份放入冰箱，要食用時再取出食用。

12、感應器省錢

如果可能將家裡燈光改成感應式，妳一進房間它自動亮起來，妳如廁完畢走出浴室，它自動熄燈，避免因健忘結果，浪費昂貴電費。

13、恆溫控制佳

無可否認地，好的恆溫控制器在妳離開家門或從外面回家休息時，無論設定涼爽或微熱；它會自動調節室內溫度，不致有浪費電力情況發生。

14、買貴或買廉

每次買家電以前先問自己，妳要以常常換新機價錢比較便宜，還是買一個價錢較高，優質電器好好用它 15 年不需要修理？如果你需常搬家，顯然以前者為適合。

15、節省 7% 耗油

　　能夠節省額外 7% 耗油秘密，不是讓胎壓處在最佳值狀態。也不是在於離合器精密度，而是在於空氣濾清器。如果你沒常清洗就可能每跑 160 公里就會浪費掉 1.5 公升汽油。

16、單卡真輕鬆

　　除非因業務上必須使用信用卡之外，最好與它保持相當的距離，以眼不見為淨為原則，最多最多使用一張就好，常常將它放在錢包裡，容易讓你簡樸生活目標無法完成。

17、社交圈縮小

　　社交圈廣可能代表著你的人際關係也複雜，固然人脈廣對你做生意有加分效果；但是朋友太多以後，你會很難面面俱到顧及每個朋友。而且朋友多之後，在群組中一聊起來就是一兩鐘頭，無形中浪費手機電力，也會虛耗妳甚多寶貴時間。嚴格來說，有患難之交朋友一兩個就夠了。

18、維修自個來

　　有時候突然冷氣機不冷了，空氣清淨機怎麼也除不了異味；你會想馬上求助廠商維修，通常妳會被廠商告知需付車馬費 500 元或更多，這還不包括維修換零件，然而很多家電用品簡易維修自己來就可以；冷氣機的濾網卸下來清水沖刷晾乾再還原，它就變冷。電熱爐罷工時，拆下保險絲蓋子，換上全新保險絲，它就復活了。

19、細菌大溫床

21 世紀其實也是人類與大自然中細菌大對決關鍵時刻，就算是一位魁梧彪形大漢，也無法抵擋肉眼看不見細菌折磨，而我們雙手更是萬惡細菌溫床，雙手在如廁完畢，或處理完生食之後，務必要消毒或用專用洗劑防止細菌感染，避免讓其阻礙你簡樸生活執行。

20、娃娃機聰明

抓娃娃機機器是很有智慧的，不夠聰明玩者，永遠是它手下敗將；想拿到禮物先決條件，妳要會逆向思考，站在機器旁看很多玩者挫敗後，妳再進場就對了。還有，如果大節日期間，促銷商品沒有想像中那麼便宜，那乾脆在節日後一兩個星期再買，就可能買到更便宜東西。

21、自有品牌 OK

超市裡多半會推出自有品牌餅乾或包裝水或白米類商品，只要其價格不要跟有品牌商品售價差很大，都可以購買（怕的是價差大，裡面成分就很差）能省就多省點。

22、鬱卒別狂購

心情低落或壓力大或發薪日子，最好不要進百貨公司，因為消費 IQ 在那些時刻，總是低到不行。

23、結帳別昏頭

超市裡妳挑好商品放入購物車時，不要立即結帳，利用黃金 5 秒鐘時間再仔細思考，那些東西你非買不可？它真的需要嗎？

24、購物車選小

購物中心裡的 shopping cart 購物車容量大得嚇人，妳挑小型推車進去比較不會亂花錢，愈大購物車，容易讓你拼命塞滿它。

25、挑時間採買

進去購物中心時間也需避開所謂離峰時間（非避開尖峰時間）因為尖峰時間人潮會壅擠些，讓妳在裏頭有寸步難行感覺，購物不舒適前提下，你會想快快離開。自然很多不需要東西都沒心情買回家。相反的在離峰時間因人潮少，你逛起來很自在；心情一放鬆，鈔票跟著飛了。

26、儲藏室換錢

把原本家裡用來儲藏東西的房間先清理乾淨，上網刊登小廣告尋找房客，出租給學生或小家庭夫婦，就可增加一些收入。

27、欠債速結清

　　能夠完全無負債者是很幸福的，如果你因理財不慎有了負債，務必訂下目標全部結清（如果數字過於龐大，可能得請專家協助）這張目標執行計畫你可將它貼在自己容易看到地方，將每月收入若干，拿來償還債權人，再苦也要執行，徹底讓自己有東山再起機會。

28、剩菜大革新

　　當你點選自助餐店晚餐料理時，很容易有剩物再利用啟示。你很容易發現中午的炸雞腿已經變成滷雞腿，中午的炒冬粉晚上變成另一道美味的螞蟻上樹。同樣的家中剩菜，除非已經菜色變黃或油豆腐變酸須立刻丟棄外，大可將剩菜重新加工，變成一道柴魚屑味增湯。

29、衣架輪流調

　　大衣櫥裡通常會有兩排吊架讓你掛滿各式各樣服裝，往往我們都只會挑前排衣服來替換，後排一幅老是坐冷板凳。你可嘗試將原本後排吊架服裝全部換到前排，這樣一來，會讓你有類似又購買新衣服喜悅。

30、治裝先選色

懂得搭配褲子跟衣服顏色無形中會讓你省掉很多治裝費。相反的，如果選購新衣物完全是衝動購買，沒考慮到往後新舊衣服褲子互搭，必然會造成另一種浪費。

31、抓牢好創意

靠勞力賺錢往往比靠智慧賺錢來的辛苦，往往好的創意就能幫我們帶來財富，有鑑於此，身邊帶個小筆記本，隨時隨地將創意想法寫在本子上，或直接記在手機裡的便條 app，隨時翻閱加以活用。

32、特賣吸金快

每逢周休二日各地都會有農產品特賣活動，你要掌握這些活動內容（上網搜尋最快知道）。不過只逛不買的原則要記在心裡，不要因東西便宜就放手大買，變成浪費。

33、頭髮自己剪

如果你願意，美容院很難賺到你錢。以剪頭髮為例，在都會區平均要兩三百元，如果洗頭也差不多是這價錢，而在家自己剪頭髮並不困難，剛開始可能不習慣，次數多之後，你只要有全套工具，跟大鏡子就成功一大半；除非你的頭髮很難整理不好梳理。自己剪完自己清洗，這一省就是 500 元。

34、車上備糧食

　　如有開車遠行，必要時帶些食物放在車上備用，因為路途中商店可能會敲竹槓，也可能車子來到荒郊野外，連個商店都沒有就麻煩。

35、搶新破財易

　　如果有工作需要買車，也不要買最新型或剛上市的。退而求其次，買半年前甚至是一年前出產都好，你會驚訝，其差價夠買你好幾部全新機車。

36、刮刀學問深

　　你的刮鬍刀貴嗎？簡樸生活原則一切從簡；怕鬍子多有礙觀瞻，買簡易型拋棄式刮刀就可以，雖然高檔刮鬍刀讓你有十足掌握質感，然而效果與拋棄型刀，也不會有很大差異（刮乾淨）。

37、飽覽書籍讀

　　有半導體之父美譽的台積電集團首腦張忠謀先生，之所以能創造出驚人營收與利潤，其中一個主要關鍵是他每個月至少閱讀 50 本以上書籍期刊。一年下來就超過 600 本以上，飽覽群籍後視野更開闊，眼光看得比人遠自然集團策略就會判斷的更精準。你一樣可以效法他，在捷運車廂裡，在飛機上；在假日時候多讀些書，很多生活難題解答都會迎刃而解。你不需花費額外金錢購買不是很需要書籍，上圖書館幾趟，你也會是一個飽學之士。

38、求教營養師

　　簡樸生活宗旨在於反璞歸真，屏除世俗雜念讓自己全然處在優游自在無塵無染生活當中，如果可能，就少吃紅肉，如果怕營養不夠，可以詢問營養師，幫你擬出適合你身體狀況膳食計畫。

39、運動上上策

　　運動的好處國小學生都知道，不運動結果大家也知道其嚴重性；將時間全投入工作，捨不得撥出時間投資在運動人是最笨的。如同聖經名言：「你賺得全世界卻失去了健康。那有何意義？」從現在起，每天持續有恆運動，伸展四肢或按摩穴道，都是養身的不二法門。

40、苦難擊退它

　　失敗與苦難經常會結伴而來。不需要為苦難到來怨天怨地，苦難是與生俱來，凡人很難全身而退；失敗更是人之常情，發明家愛迪生、孫中山與本田宗一郎（Honda 本田汽車集團創辦人）…etc，都是從無數次失敗當中，最後體會出成功訣竅，而留名千古。

　　成功是來自 99％失敗，如果還沒成功，代表你失敗次數還沒達標。我們這一生所犯過的錯如果沒有時時刻刻加以檢點，結果就像斬草不除根，春風吹又生。愈積愈多甚至到萬劫不復地步，在你昂首向前打拼時，記住不要再犯同樣錯誤，特別是無謂金錢浪費。

41、貧窮與邪靈

即使已經陷入生活困境，也絕對不要沮喪，你必須勇敢跟貧窮邪靈對抗。參加宗教活動，讓神好好觸摸你心靈，真誠跟神懺悔以往自己過錯，請祂寬恕，爾後擬出計畫，脫開貧窮惡靈轄制。

42、萬物自己來

最簡單又最能夠理想達到你簡樸過日子目標法則就是，萬萬物物都盡量自己做，做沙拉、做小孩便當、自己種菜、自己做洗劑、做健康蘋果醋（只需買青蘋果切細片再準備一些冰糖就這麼簡單），只要你有心，很多東西都可以 DIY、而且一點也不困難。

43、200 元在身

每天出門最多只帶 200 元。一開始會很不習慣，日久就會慢慢適應。

44、自己查金流

須學會每周每個月控管金錢流向。

45、衣物長壽法

以冷水洗滌衣物就能延長衣物壽命（溫水要看衣料內容而定）。

46、套裝的迷思

　　嬰兒用品店裡陳列很多一套一套用品組合，待價而沽。然而組合包裡往往會裝入若干你根本不需要東西，千萬不要因組合包價錢誘人，就下手，無形中會讓你多花一些冤枉錢。

47、全家要共識

　　光是你想要過簡樸過日子，就算目標已經堅定不移，還是要將這種觀念完整傳達家族所有成員，也需要全家動員起來，目標才容易達成。

48、圖書館免費

　　圖書館是最佳免費知識充電站，除了最新期刊與當日報紙跟數萬本藏書能讓你拓展世界觀外，大型飲水機乾淨水，也是免費噢（不需再花錢購買便利商店水）想喝咖啡的話，帶個隨身杯跟少許咖啡粉，加入熱水，就能在充電同時，也滿足口腹之慾。

49、水垢瞬間清

　　淋浴間水垢，廚房用具出現水垢對策如下，將醋放入噴霧瓶中，對著磁磚縫隙上噴，約 5 分鐘。接著用尼龍刷把縫隙刷乾淨，再沖水就完成。由於醋可能會損害到水泥漿，必須適度使用，也可利用這方法讓它消失。簡單作法如下：1¼ 杯（225ml 水）、1 杯（237ml）蒸餾白醋、¼ 杯（60ml）檸檬汁，將醋和檸檬汁放入容器中混勻（例如製冰盒和水盤）。將物品泡在醋與檸檬汁的混合液中，（約5分鐘或更長時間）浸泡完之後，使用全新刷子洗乾淨，再頑強水垢也就自然消失了。

50、轉帳 ATM

　　ATM 似乎看不起眼手續費，正悄悄侵蝕你荷包，如果常跨行提領現金或轉帳，更容易讓你荷包失血。

51、嗜好賺錢快

　　將自己嗜好像是：音樂創作、雕刻、電腦繪圖等專長，轉變成你收入來源，日後光靠這些權益收入，還會讓你成為網紅呢。

52、零食易失血

　　垃圾食品不健康；然而多數人認定它卻是你壓力的天敵。儘管如此，它也是最容易偷走你的辛苦積蓄的不速之客。

53、快閃烘焙店

　　經過烘焙麵包店、現做咖啡或珍珠奶茶甜飲店，最好快速穿過，否則容易因香味撲鼻同時，口袋錢也飛了。

54、找一天清醒

每個禮拜固定一天，絕對不消費任何東西，讓腦筋保持在完全清醒狀態。

55、網路廣告 No

網路上小廣告雜又亂，你一點選就容易因文案動人；讓你一時失去理智破財（很多文案都有誇大之嫌，不能不慎）。

56、單車要騎穩

騎單車 or 越野車，將自己是 youtuber 腳色發揮淋漓盡致，讓網友對你的影片按讚，訂閱人數增多，當然是好事一樁。不過安全最重要；不要因趕時間逞快，不慎闖入危險小路，萬一摔傷還得就醫，就划不來。

57、利息壓垮人

只要需付利息的物件，少碰為妙。如果同時有房貸又有車貸又有信用卡債…etc；容易壓垮你生活應有尊嚴（遭銀行催收或還得跑法院）。

58、冷水澡讚啦

有洗冷水澡習慣者多半身體抵抗力強，洗冷水澡還可省下一些電費或瓦斯費（唯有慢性病者與年長者，最好毋嘗試）。

59、光頭好處多

改留光頭可省下洗髮精跟沖水清洗費用，也不需使用到吹風機電費。

60、洗衣的智慧

衣物不須頻頻放入洗衣機清洗，除非沾上果汁或醬料或原子筆墨。除非衣物已經發出異味。

61、樂透副作用

中樂透頭獎抱走一袋袋可愛鈔票是普天下人心願，然而能夠美夢成真者還是鳳毛麟角，偶爾試試手氣無傷大雅，如果你的好勝心強；屢敗屢戰，就可能讓你上癮，甚至賠上家當，慎思再慎思。

62、速度拚第一

會開車沒吃過罰單讀者應該是微乎其微，闖紅燈、併排停車、不禮讓救護車…都是罰單常客。而喜歡超速怎麼罰也不怕也大有人在，以一張 6000 元超速罰單為例，6000 元可以讓一家三口省吃節用，度過一個月呢。

63、喝酒大破財

政府已經通過酒駕加重處罰法案，同車乘客一旦出事全部要負連帶責任，再者一旦傷及無辜路人或人家的千萬名車，那絕對得不償失。

64、呷飽看電影

如果你是空肚子跑去看電影，光是戲院裏賣爆米花奶油咖啡香味，就會讓你不由得猛掏口袋，有鑑於此，先吃飽再出門看電影，是比較聰明的。

65、小氣出頭天

執行簡樸生活期間，難免會有很多外來誘惑，像親友送來糕點或鄰居拿肉粽過來要你捧場，這時你必須堅守原則，寧可扮演鐵公雞，也絕不鬆懈。

66、錢到手再花

即使你已經獲得客戶首肯，幫他做一個網站可獲得 5 萬酬勞，你也順利拿到支票；不過支票未兌現前，不能先花。薪水情況也是如此；如果有跟公司預支壞習慣，最好改掉。到手的錢再花也是簡樸生活原則之一。

67、包包的迷思

手上提著高檔名牌包包婦人，的確容易引起人家注意，名牌包包品質超優，用個 20 年也不會變形或退色；然而花同樣數十萬代價不但可以買一部單車健身，可以建造個菜園自己種菜，還可帶小孩出國來個簡樸旅行，不很愜意嗎？購買高檔貨之前，真的需要細細思量。

68、寵物純血統

一條名貴冠軍犬身價上千萬是無足為奇的事，一般家犬可能幾千元就可以購得，如果狗狗能幫你小孩蓋被子、能跟你一起游泳健身、能幫你上街抓藥（如黃金獵犬），是不須要求它血統有多純正；能省就省不是嗎？

69、書本免精裝

一般而言，封面用厚紙張印刷書比起所謂精裝本（加厚加硬）要便宜很多；我們買書主要目的讓自己拓展視野，書本裏智慧不會因精裝本或平裝本關係而有所差異。老外不是常常說 don't judge a book from cover，不要從一本書外觀去評斷書內容（也可比喻不能以貌取人），精裝本只是業者的行銷手法而已，書的內容才是重點呢。

70、深思每一元

　　每每要花錢消費之前，要有 10：1 概念在心頭。也就是說，你即使做生意收入有 10 塊錢，實際上你真正有的利潤只有一塊錢。要花掉那 1 塊錢，就得至少要有再賺進 10 塊錢營業額，才合乎成本效益。

71、找平價民宿

　　一般人想法中住宿 5 星級飯店比住民宿要便宜才對。然而部分民宿的訂價甚還跟 5 星級飯店互別苗頭，甚至還高達一個晚上 5000 元以上。如果奉簡樸旅行為宗旨，卻接二連三花冤枉錢，那就與簡樸精神背道而馳。即使民宿房間裝飾很漂亮，容易讓人看了為之心動。不過，你休息時間不過幾個小時或短短一兩天，只要沒有濕氣、沒發霉怪味、浴廁乾淨、逃生安全、收費透明就大致可以了。

72、免費化好妝

　　化妝是一種美德也是另種藝術，更是將我們氣質提升最佳法寶。電視上很多漂亮女主播下了班走在繁華街道，你會被嚇到，為什麼螢幕前跟街上外貌落差那麼大？那是你少見多怪，上電視就會有化妝師幫你化電視妝，當然會有容貌加分效果。你可以上百貨公司美容專櫃伴裝購買保養品，就會有美容顧問熱忱為你做肌膚診斷，幫你化妝。你不需花任何代價。要是美容顧問軟硬兼施要你購買高檔化妝品時，你先心一橫，再委婉拒絕就可以了。

73、循環息恐怖

每月的信用卡帳單最好全額繳清。別讓循環利息有鯨吞蠶食老本機會。

74、簡樸群組頭

你可別誤會作者鼓勵你去當大家樂組頭，而是建議你開始實施簡樸生活後，成立一個類似省錢更自在的 line 群組，讓參加成員互相交流彼此心得。

75、錶款玄機多

無可否認手上所配戴的錶款價值高低跟你的身分地位息息相關，機械錶貴在其超精密設計與零件材質跟設計樣式，電子錶以準確性賣點熱銷全球；我看過很多業務繁忙老闆，手上戴的是日系電子錶，（1000 ~ 2500 元）而不是我們想像中人配戴數萬甚至上百萬名錶。

76、高檔護膚品

護膚品售價之高往往容易讓沒財務規劃者一時衝動，買一堆保養品開始陷入財務陷阱。有些標榜特殊配方抗老美容品，小小一瓶就要價 5 萬多元，實非一般上班族所能負荷。相反的，也有不少女性懂得自己做天然護膚品，像小黃瓜就是廉價保養品。能省就省嘛。

77、出油的耳機

　　如果你有超能力，能夠分辨音樂中那些樂器擺設位置，或演奏者歌唱者前後左右位置（定位感），那你理所當然需要一組數萬元能聽出耳油高檔耳機。如果你只是拿來當療癒心情，幾百元的國產品就綽綽有餘。

78、求搜尋引擎

　　家裏馬桶髒兮兮，看到盆景沾滿灰塵，怎麼清潔法？想利用假日在家做一道辣子雞丁，你不需上書店買書，上網利用關鍵字搜尋，解決方案盡在 google、ask.com、dog pile 搜尋引擎中。要關鍵字能精準 key in 電腦鍵盤尋找，就得靠你思緒邏輯功力。

79、多人共乘制

　　與人共乘汽車上下班，參加宗教活動或出遊。一來省下汽油錢，二來減少塞車機率。

80、高調手工壺

　　紫砂壺真真假假，即使是請資深老師傅做鑑定，往往也難以判定真假。如果花了好幾萬元卻買到機車壺或開模壺，那就划不來。在台灣非名家拉胚出來作品幾百塊就有，買它來品茗頗符合簡樸生活宗旨。全手工紫砂壺做法相當特殊，然而跟一般七八千元紫砂做法有很大差別。全手工壺高貴，你覺得需要追高嗎？

81、國際交易費

前面有提到，除非業務上需要，要不的話就將信用卡停掉，避免信用破產還得跑法院，如果你必須常出國或常在國內訂購海外商品也須留意國際交易費是否高些，正悄悄讓你鈔票飛走。可能的話，找不會收取該項費用銀行申請信用卡才是明智之舉。

82、勿預借現金

不少卡債友因為無財務計畫概念，花錢沒記帳結果，才會變成銀行黑名單。如果賺了 100 元卻馬上花掉 200 元，就容易著了預借現金的道。當然偶而求助預借現金是在所難免，不過，銀行終究還是救急不救窮的。

83、只逛二手店

偶而逛逛二手貨店容易讓你有時光倒流感覺，看到老掛鐘，古早茶古，50 年代黑白小電視等等，如果你懂得挑選（必須先在家做功課），往往會買到物超所值古董商品小賺一筆意外之財。我認識一位多金女老闆，雖然出入名車代步，然而她就是習慣買二手衣服搭著穿。

84、服裝上標示

很多人買了家電從來不看操作手冊，買了高價按摩椅也不先翻閱說明書。買衣服也從來不會看衣領上那個小小標籤，而標籤上除了秀出品牌名外在來就是它的成份（尺寸大中小、含棉％，含龍％…etc），標籤上玄機意謂著在洗滌衣物時你是要標準洗還是輕柔洗，還是得另外放在洗衣袋去清洗等等…。如果沒仔細看，就容易讓衣服壽命跟著縮短。

85、網拍有訣竅

上網拍賣自己不需要的東西，往往會被平台要求曝光優先等廣告費，唯一能避免支付這額外開銷，又能順利賣出關鍵在於拍照商品角度，打光技巧跟逗人廣告文案，不全然在於你花多少廣告曝光費。

86、不挑周末買

每每周末來臨，所有商家購物中心早就摩拳擦掌要讓你荷包縮水，同樣的你我也容易在周末時段，放鬆心情四處玩樂，吃吃或喝喝。心理學家做過類似研究發現，確實周末時段容易讓人懶散放縱，發生脫序行為。利用周末外出散心有益身心，如果能只逛不買，你也會是一個簡樸女神了。

87、薪水雙胞胎

如果你有兩份薪水，第二份盡量不花，存起來，有可能的話，在第一份薪水中，每個月固定提存若干，以備不時之需。

88、自己多查帳

養成每天記帳好習慣，每周一次查核預算與支出數字差異有多少，逐漸去修正自己目標。

89、殺價別害羞

養成殺無赦的殺價習慣，萬物皆可殺，除醫院醫療費大眾交通工具車資外，殺它千遍不厭倦，買金子賣金飾時，還是可以議價的。能多賺些，何樂而不為。總之，臉皮要變厚就對了。

90、革除壞習慣

想要富有一定要先能夠從存小錢開始。雖然拼命節省不一定保證你未來變有錢人，但亂花錢後果絕對是壞習慣，因為坐吃山也會空。

91、鈔富不亂花

很多超級富翁 superrich 都不會隨心所欲買想要的東西？有的身上衣物都還是三四十年前買的，像英國王子就是一例。

92、談事打草稿

設法減低手機月租費，如果因業務或重要事須聯絡，先將重點寫在 memo 紙上。打電話時，照大綱講就不會話題一扯遠，廢話增多，造成費用增加。

93、網路須分攤

　　對無殼蝸牛來說，每月房租往往去掉薪水一大半，有鑑於此，單身漢選擇較便宜租金地點有絕對必要，網路費跟室友共同分擔會更省。小家庭也同樣須搬遷到便宜地方落腳，才能省錢。

94、月租費迷思

　　一般來說，手機月費跟業者提供手機高階低階有直接關聯，其實你將月租費乘上綁約 24 個月或 30 個月總費用，再加總預繳三個月費用的話，即知道類似商品分期付款利息有多少。以 1200 元月費跟 199 元月費相比，價差很明顯，高檔手機甚多額外功能也不見得是你的必須，像交友 app 或影片特效 app。

95、生活戰備金

　　儲備緊急預備金應付突然失業或車禍須賠償受害者，或家人突然住院需要動手術等等。是絕對必要的。

96、保險不求多

　　參加保險愈多，費用也會跟著增加，不需要的保障項目就剔除停保。再說繳越多，不見得獲得理賠也增多 !!

97、新錶帶奧妙

新手錶固然漂亮，然而不須拼命追逐。老錶只要準確，往往只需換個 fashion 顏色錶帶（幾百塊）就如同戴上新錶呢。

98、月底對帳單

使用信用卡消費後，務必保留發票，月底帳單到來時，再逐筆核對，避免無謂損失。

99、咖啡妙用多

室內溼氣重不須購買昂貴除濕機，只要在咖啡罐裡放入木炭煤球，於蓋子處打幾個小孔，然後每隔個三個月換掉木炭煤球，就可達除濕效果。

100、保溫瓶除味

家裡熱水瓶、保溫瓶用久了容易有類似發霉味道出來，可以不須另外購買洗劑，只要放入一些鹽巴進去，蓋子封起來，隔一陣子打開使用，怪味道自然消失。或放入茶湯（茶水），搖晃幾次，再用尼龍刷（乾淨牙刷）刷幾下，就能除菌。

101、太陽發威時

皮膚曬傷時，拿濕的茶包放在不舒服地方，有減緩刺痛效果。

（不宜熱燙茶包熱敷，易燙傷）

102、健身房撇步

　　對很多容易健忘又喜歡上健身房打球的人，常會回家後想起鑽戒或名錶忘記帶回立刻奔回原點尋找，往往寶物就如此糊塗被人拿走。其實你只要將寶貴東西暫時放進羽毛球罐子或網球罐子裡，等到你打完球放回球時，就可順道取出帶回身上，不至於有丟三忘四焦慮。

103、我愛香蕉皮

　　喜愛盆栽或注重居家風水者，都會在室內擺些高大植物來聚財避邪，擺的時間一久，植物上頭葉子會沾上灰塵，你可拿香蕉皮擦拭沾滿灰塵樹葉，有立即清潔效果，並散發出迷人自然芳香。

104、去污嬰兒油

　　一般嬰兒油都是用來護膚的，如果浴室裡澡盆卡很多髒東西就可以用少許嬰兒油在濕的布上頭去擦拭，很快就有去污功效。記得擦拭完畢後，內壁外壁會滑滑的，再用乾布擦乾就可以。

第三章

固定開銷
省錢法

儉，德之共也；侈，惡之大也

- 司馬光

3 之 1 家庭

1、少放垃圾桶

家裡垃圾桶能少置放就盡量少置放（容易引來蟲蟻、蟑螂）。往往為了丟棄方便，家裡一次放就是七個八個或更多，置放量一多你要丟棄時，就得多花塑膠袋錢跟寶貴休息時間去清潔整理。相反地，垃圾桶數量一少，就不須多花金錢跟時間去處理。

2、住家小才美

住家空間仍應以小而美，舒適為原則，房子面積愈大，稅金就愈高，社區管理費也高。打掃起來更花時間，用電（吸塵器或燈光照明）也會增加，無形中都是一種浪費。

3、停掉多刊物

先停掉報章雜誌訂閱。很多電視台新聞都有 app 提供下載到手機觀看。雜誌社或網站上面，都有甚多最新資訊，讓你一輩子也看不完。再說一但訂閱刊物一多，就會形成過期書刊佔據空間，變成另一種垃圾，會增加你負擔。

4、曬衣要智慧

一般家裡陽台多半被利用來當晾曬衣物空間。如果以伸縮型長竿橫跨左右牆壁當曬杆，通常就能發揮快乾效果；也最省錢（除非你衣物多或厚重）。如果你個子不是夠高，那改用升降拉繩式晾衣長竿，也能掛更多衣物，不須擔憂衣物難晾乾。

5、壁紙煩惱多

室內牆壁盡量別用壁紙黏貼，容易因樓上水管漏水或室內濕氣嚴重之後，好看的壁紙就漸漸剝落，有礙觀瞻。一旦換新，又是一筆不小開銷。

6、純白少煩憂

牆壁所漆顏色以純白為佳，日後變髒、斑駁補色更容易，如果選用特別色，要混到跟原來顏色百分百相同，非常困難。

7、燈具單純美

燈具裝設以節能燈泡為主，設計樣式愈簡單愈好。如果燈具充滿濃濃藝術味；固然好看，等到燈泡壞了要更新時，那就非得找師傅來不可，無形中會增加另一筆上千元開銷。

8、兩款衛生紙

一般家裡衛生紙只買一種，如廁、擦拭桌子，或清潔電腦或話機。實際上，最好是準備兩種高低價位不同衛生紙。把品質好一點的拿來做如廁完畢或個人衛生之用，最少你不需擔心螢光劑殘留在你身上。而另外無印良品或超市自有品牌價格相當便宜衛生紙，使用起來容易發現它粉粉的，就拿來做一般清理就好（比較不影響到健康）。

9、免十一奉獻

為了遵行簡樸過日子，無妨暫時忘了來自上帝十一奉獻的誡命，特別是你已經床頭金盡酒樽空過渡時期，無須嚴守此誡命（雖然違背神的旨意，求神給你加添力量，重新活出祂的榮耀）。

10、先知會親友

告訴你所有同事親友，你已經開始過簡樸生活，經過你預先告知後，他們自然不會再隨意串門，不會再邀你外出聚餐，如此一來，就自然可省下一筆開銷。

11、少看第四台

暫時退掉宣稱 200 多頻道第 4 台合約，想看影片去出租店租借就好，往往第 4 台很多節目不是你的最愛。

12、好水各司職

超市裡包裝水品牌夠眼花撩亂，便宜的你怕水質有問題，價錢貴的你又覺得不划算。你可以如此聰明選擇。價錢便宜的自有品牌你買來煮菜。水經過高溫煮食，細菌多半被殺死，那高價位桶裝水拿來打果汁或泡茶咖啡用。

13、菜單要計畫

最好每個禮拜天就將未來一周菜單擬定好，時間一到照表操課，就不會多花額外開銷。

14、家人連著洗

晚上洗澡時間最好能協調到一個接一個沐浴，特別是冬天，水容易一下就冷掉。家人洗澡間距一旦拉長，必然更需耗瓦斯與電力。（吃飯完馬上洗澡習慣是不對的）

15、茶飲自己做

街坊茶飲店一杯加味奶茶平均 60 元起跳，如果可能，在家裡 DIY 就可以，如果覺得味道沒那麼道地，那也須忍忍，畢竟少糖，沒有添加物的飲品不夠美味，但它是比較健康的。

16、吃完立刷牙

養成吃完東西立刻以牙膏刷牙或漱口水清潔習慣，口腔裡殘餘食物或飲料經過 3 分鐘後就會有細菌產生，往往這些壞菌都是造成蛀牙或口腔各種疾病來源。一但有了口腔問題求助牙醫，更會虛耗就醫費用與寶貴時間。

17、帶便當節流

盡可能帶便當。午餐便當在都會區賣到 120～150 元是很平常，再說每天同樣雞鴨魚肉、燒烤甚至到炸物，都會是膽固醇增高、血糖居高不下元凶。

18、青菜和著炒

晚餐料理其準備時間可長可短，無妨讓女主人有更多休息時間吧。你無須單炒一盤高麗菜，另外炒青江菜上桌；兩種菜混著煮，省時又省錢。少洗一個盤子，少花額外清潔劑，少花水沖洗，都是聰明的抉擇。

19、少油膩好洗

日常料理原則少用油煎或油炸更健康更省錢（能不用最好不用，還可免去清洗油膩碗盤麻煩）。

20、碗盤的拍檔

如果碗盤油膩，先以衛生紙擦拭乾淨兩遍，油汙會很快不見；再用少許洗劑熱水清洗，再烘乾就可以。

21、煮米先泡水

煮飯前，先將白米或黑米浸泡兩小時，清洗後用電子鍋煮，飯熟時間會比不浸泡直接煮，要來的快上二十來分鐘。

22、食材貼冰箱

冰箱裡所存放食物食材或果菜等，往往會因我們工作忙碌關係，忘掉他們的存在。有鑑於此，只要存放進去一種食材食物，你就在冰箱門上放個 memo 紙條，隨時提醒，有了這 memo 紙提醒，食材就不至於放到過期或全部變爛，反而造成無謂損失。

23、食物宅配貴

預約外送料理到家，方便是方便，然而這類型點餐送到家 app 往往最容易讓你多花 40% 左右預算，（通常點菜送到家價錢貴在商家的走路工與服務費）。

24、月月控預算

每個月開始最好有一張預算表控制自己花費，天天提醒我還剩多少可支配所得。沒這麼做，財務赤字最容易出現。

25、鳳梨皮去味

如果家裡剛油漆完，除了要讓室內窗戶全開通風之外，買兩個鳳梨回來，請老闆先幫你去皮，然後將那些鳳梨皮放在桶子裡，桶子放在油漆過地方，很快油漆味就被果皮給吸收殆盡，惱人油漆味即消失。

26、鞋油被打洞

如果家裡還是用古早小圓形鐵盒子鞋油保養鞋子，趕快將鐵盒上的小洞用膠帶封上，你不這麼做，鞋油很快乾涸，變小硬塊，變成一堆廢物（那小洞還真不容易察覺）。

27、襪色統一好

買多雙襪子給小孩時，盡量清一色全白或全黑。道理很簡單，清一色好處是洗完晾乾後，很快就能湊成一雙，立即穿上外出。如果顏色繁多，往往為了一隻襪子配成雙，會花掉你很多冤枉時間拼命找。

28、精品售價高

精品店多半會利用美麗櫥窗擺設，或展示一些款式特別服飾來吸引客戶上門，精品店雖不至於讓你有撞衫遺憾；相對的，服飾訂價也是隨老闆利潤目標制定；讓你多花些治裝費，這也是意料中的事。

3 之 2 食物

1、無機假有機

有機食物自然對身體健康有加分效果，然而，它是不是真的經過認證，取得相關無重金屬等檢測證明，值得你關注。

2、養生先諮詢

購買綜合維他命養生固然是不錯選擇，配方愈多（有的多達40餘種維生素）售價自然高些，購買之前，先諮詢你的醫生，他會告訴你如何重點購買，很多好的維生素也許不適合你體質；或一般食物當中就有，不需要再花錢增加負擔。

3、只試吃不買

在超市或購物中心往往有很多試吃活動，你必須堅守原則，一律按出門前寫好的 memo 單採買，才不至於增加消費支出。

4、7天一周期

一般採購食物周期以一星期比較適當。

5、黃金一小時

生魚片風味的確很迷人，但它只要放餐桌一小時，細菌就會跟著來到；即使你沒吃完放入冰箱，隔天才食用，細菌同樣會暴增。

6、盡量少外食

盡量減少外出用餐次數,久久一次才上餐廳,才會省。

7、當季才新鮮

購買當季食物比較新鮮健康(非當季食材往往因長期冷凍解凍多次後,變了質)。

8、冰箱非萬能

冰箱固然有保鮮作用,但它不是萬能。冷藏久的食物易孳生細菌。

9、藏鮮有訣竅

冰箱裏容易壞(不易久藏)的蔬果,盡量放在眼睛容易看到地方,先拿來料理食用,避免放入底層或很裡面,往往都腐爛了,還不容易察覺。

10、麵包少油好

喜歡麵包當早餐最好是全麥土司或長條型偏硬的法國麵包(無任何添加大蒜奶油等)。

11、現做才味美

冷凍調理包的確方便,一加熱淋在熱騰騰飯上,能瞬間果腹。但再怎麼說,其新鮮度還是比不上現做料理。再說,往往包裝上所列出化學成份,多到讓你心生畏懼。

12、愈看吃愈多

能少買垃圾食品就少買，往往一邊看電視，一邊享受垃圾食品最燒錢的，因為全神貫注連續劇劇情或高潮迭起長片時，食量比起平常時間會增加許多。

13、飽足感靠水

多喝乾淨水比較有飽足感，不容易讓你想吃這個又想吃那個。

14、待客也得省

家裡有客人到訪，你可將水果切片放在盤上整齊排開，看起來有份量，還有省錢效果，相反地，你整個蓮霧擺在盤上招待，待客成本自然高出很多。

15、串門省飯錢

無妨你利用周休二日去找好朋友（用餐前一小時），你的伙食費不就省下來嗎？

3之3食安

US News and World Report 美國新聞跟世界報導雜誌調查發現，目前最具影響力飲食型態，前三名分別是：

1、地中海飲食（Mediterranean Diet）

2、得舒飲食（DASH Diet）：著重高鉀、高鎂、高鈣、高膳食纖維攝取。控制飽和脂肪酸；豐富不飽和脂肪酸。

3、彈性素食（Flexitarian Diet）：可形容成半素食主義。平日不攝取肉類，但偶爾因健康因素，經醫生評估認為需要，或宴客場合才攝取。

一、地中海飲食黃金 5 ＋ 1 原則

原則 1 __**主食**：澱粉改以全穀類（取代白飯、麵條）

原則 2 __**多量蔬果**：每餐 1 盤以上的蔬菜，增加膳食纖維量

原則 3 __**橄欖油**：（不能油炸，宜涼拌或熟食冷油）、堅果，調節生理機能、抗發炎

原則 4 __**無調味料**：以大蒜、洋蔥或硫化物、助抗氧化、保護心血管正常運作

原則 5 __**蛋白質**：豆類、乳製品、蛋、白肉、無汙染深海魚（一周兩次）。拒絕加工食品。遠離紅肉。

此外，定期抽血健康檢查，讓醫生針對你檢查結果，給你處方箋。

平日也可跟好友一起在外享受健康美食氣氛更有益身心健康。

P.S：

地中海飲食一詞實源自地中海沿岸國家（包括西班牙、法國、摩納哥、義大利、波黑、南斯拉夫、阿爾巴尼亞、希臘、土耳其、敘利亞、黎巴嫩、巴勒斯坦、埃及、利比亞、突尼斯、阿爾及利亞和摩洛哥等）的傳

統飲食文化。

1958 年美國生物學家安舍基 Dr.Ancel Keys 研究發現，地中海區域的居民罹患心血管疾病的百分比竟然比起美國人少很多。其研究結果也證實，不當生活習慣及錯誤飲食方式，是罹患重症兩大元凶。

爾後有非常多大型相關研究也發現，地中海飲食有助於降低心血管疾病、糖尿病發生率以及延緩神經退化性疾病等多重效益。

二、6 類食品少碰為妙

以下食物容易危害健康：

添加糖：糖果、巧克力、冰淇淋、蔗糖、奶茶、非天然水果茶、紅豆餅

精製穀物：白麵包

轉化脂肪：人造黃油

精製油類：棉籽油黃豆油

加工肉：香腸、熱狗

高度加工食品：凡是罐裝上有特別標示 low-fat 低脂低糖皆屬之

三、三餐原則營養熱量都兼顧

早餐：優酪乳或牛奶＋全麥吐司（加起司）、鮪魚（自己烹調更無負擔）

午餐：煎鮭魚或滷黑骨雞腿＋五穀飯＋沙拉拌橄欖油＋水果

晚餐：海鮮義大利麵或黑骨雞肉全穀飯＋沙拉＋水果

多喝乾淨水讓新陳代謝機能發揮最大功效，醫生也是經常提醒

慢性病患者，要切實執行。然而無色無味的水，還真不好喝；如何才能讓自己想多喝一些水方法呢？

1. 開水裡放些水果切片進去，像加了檸檬，草莓或玫瑰花後，水味道，會帶點香帶點甜，讓你百喝不厭。
2. 買一個有杯蓋有刻度的水杯，容易自己檢視今天已經喝多少量水。
3. 讓家裡房間或客廳；或廚房，都有大大小小桶裝水或水杯（隨處可飲）。
4. 若實在不習慣喝白開水，多吃西瓜，葡萄，哈密瓜等特別多汁水果替代（惟須注意很多水果糖分很高，對慢性疾病者並不適合，需先諮詢醫師）。
5. 上餐廳時可以跟服務員要水喝，有些開水添加檸檬片，喝起來淡淡芳香。仍須事先詢問服務員，開水有沒有另外收費。
6. 喝自己做的草本茶，或購物中心花草茶包沖泡。
7. 泡綠茶。因它是不發酵茶，也是最接近原始的茶葉，以 $80 \sim 85°C$ 水溫沖泡，才會有對抗壞東西功效。
8. 人體有 70% 是水，血液有 90% 也是水；半夜如廁完，先喝杯溫水，有助於稀釋血液濃度，使血液不致過稠。

3 之 4 醫療

俗話說：天有不測風雲，人有旦夕禍福。

　　幸好有上帝創造了可以為我們療傷治癒各種疾病醫院，讓我們苦難傷痛減到了最低。話雖如此，一旦病人被推入加護病房，能否成功脫離險境，安全回到普通病房，就要看她造化。我母親就曾經前年兩度進入加護病房，付了高達 27 萬元醫療費。當然這是重症極端例子；那平常我們醫療跟醫藥費如何節省呢？

1、好水能養生
　　每天喝水至少 1500cc，避免造成尿路感染或發生結石的悲劇。通常都需開刀住院治療。多喝乾淨水，可稀釋血液濃度，比較不會讓血管發生堵塞。

2、診所才便宜
　　有發現身體不適，先求助小診所醫師，掛號與醫藥費可能200 ～ 300 元就足以打發。大醫院的話，一般索取 500 元到 2000 元不等。

3、ICU 燒錢快
　　讓家屬進入加護病房之前，需有開始花大錢準備，通常 ICU 房備有專業護理師與昂貴儀器；自然費用高（每天平均負擔 3000 到5000 元不等）住上 30 天花費十來萬，一點也不稀奇。

4、健保房簡樸

如果住院了，選擇健保房 4 個人或 5 個人一間，至少在出院結帳時，不須額外支付每天 1500 ～ 3000 元病房費。

5、門診少急診

身體不適時，能掛普通門診就普通門診，如果你跑急診，往往一次就得花上 800 ～ 1000 元。

6、開刀尋良醫

如果有非開刀不可情形，記得先問他人口碑，再做決定是否讓你平日看診醫師開刀，如果沒先問過，萬一遇上蒙古大夫，那就麻煩。可能須多挨幾次冤枉刀子，甚至得多住院數十天，還不見得會痊癒。

7、花費看身分

如果家屬有通過重大傷病審核，對於醫療費用幫助很大。如果有低收入證明，醫院在索取醫療費時也會手下留情。如果只有殘障手冊，醫院相關費用，還是無法獲得減免。

8、藥局的省思

如果我們上一般藥局買藥，你很難討到便宜，除非你買外國維他命，或一些名不見經傳消耗品才可能獲得若干折扣。

9、小包裝少虧

購買成藥時，一開始買小包裝就可以，如果聽信藥師建議，買大瓶裝或較多藥品服用後，發現副作用上身了，在無法退款前提下，你只能擺著或乾脆扔了它，無形中又是無謂的浪費。

10、求助社會科

如果家中經濟情況不寬裕，你可試著跟區公所申請『特殊境遇家庭』證明；有了那張護身符，你可在自己住院後，再以診斷書與下載相關政府救助申請表，跟市政府相關承辦部門，提出申請獲得一筆補助金（大前提是，申請人不能超過 65 歲）。

11、餐點院外買

住院中伙食支出也是可以降低的。有些醫院光是三餐伙食費就要 500 元，如果你再聘請看護 24 小時照顧的話，兩人份一天伙食費就需要 1000 元。為節省開銷，如果改在醫院附近店家購買，每天便當費或炒飯費，連早餐豆漿饅頭，230 元就綽綽有餘。

12、找輔具中心

很多長者行動不便或需要他人 24 小時照護時，像電動病床、抽痰機、化痰器、血氧偵測儀、血糖檢測器血壓機、氧氣製造機或氣墊床等，都是必備輔具。另外像輪椅、洗澡座椅等這些輔具全部購買的話，總費用滿嚇人。而各地輔具鑑定審核中心都會幫你先做居家環境與長輩身心狀況評估，後評定給予那些補助項目，通過審核後你再購買相關輔具，跟商家索取發票後，再跟政府單位提出核銷。

3 之 5 洗滌

1、先浸泡省錢

洗衣前先浸泡一小時，衣物較容易洗乾淨。

2、少用吹風機

衣物還沒有乾之前，強行以吹風機熱烘最為耗電，更容易因而不慎觸電。

3、太陽能烘乾

以太陽能烘乾機是比較省錢的。

4、除濕機乾燥

雨季來臨時，衣物晾室外，不容易自然乾；還會有異味。如果打開室內除濕機同時，用曬衣架將它懸掛室內，有快乾效果。

5、室外空氣好

最好的空氣清新機是不須購買。打開室內落地窗，跟房間窗戶就有了（除非住家附近環境髒亂，那另當別論）。

6、儲水型耗電

空氣清淨機種盡量選擇非儲水型（當中有一種須儲存自來水到小水箱中，須經常換水或添水，多花水費）。

7、洗髮精妙用

往往家裡的洗髮精用到見底時，不再容易流出，這時加些水進去，搖幾下，還可讓你多洗幾回。如果不想這麼做，可用同樣方法加水拿來拖浴室地板，再用刷子乾刷過，就不需擔心會滑倒了（不建議直接用來洗地，一不小心就可能滑倒）。

8、浴室毛巾髒

我們總是習慣在沐浴後，將毛巾直接掛在浴室架子上，然而浴室多半溼氣重，特別是隔夜後的毛巾上頭細菌非常多，有鑑於此，毛巾清洗後，盡可能拿到陽台晾乾，多接觸陽光。如此一來，遭細菌汙染情況就不會那麼嚴重了。（牙刷也須常曬太陽，殺掉一些上頭細菌，唯需注意曝曬時間過長，牙刷會變形）

---

3 之 6 用電

1、台電會補助

家屬若有健保局核發重大傷病證明者，可向區公所社會課申請電費補助。台電公司會依照申請者實際使用電動床、抽痰器、化痰器、氧氣製造機、冷氣機、電暖爐等實際使用狀況，給予部分折扣。台電公司會在帳單上面直接註明原使用電費需支付金額，優待多少金額。

2、外出拔插頭

一但外出或睡覺前，拔掉電器插頭（冰箱除外）插頭只要接上插座，電表數字自然會緩緩增加。再者，長時間插著，容易發生短路起火。

3、造表畫曲線

每兩個月，紀錄用電量多少，並長期追蹤。發現異常，立即修正。

4、少用電暖爐

天冷時，你可以多穿些保暖衣物來取代使用耗電的電暖爐。

5、窗簾價差大

窗簾找師傅訂做價碼，端看布料優劣，光是 4 坪大房間落地窗，窗簾可能花掉你 6000 元，如果你選擇在超市購買自己裝訂，1200 元內就可打發。

6、電爐最耗電

盡量不要以電磁爐做菜，以瓦斯料理相對便宜，多注意瓦斯爐嘴有沒有異物賭塞，不要讓未乾的鍋子底部與爐嘴接觸，就不會有燃燒不完全，虛耗瓦斯或瓦斯外洩危險發生。

7、感應器省錢

盡量使用燈光感應器，離開房間廁所忘記關燈時，它能把關杜絕浪費。

8、地毯能保暖

鋪地毯會有溫暖室內效果。

9、早睡卡省電

冬天盡早就寢鑽入被窩，就可省下很多可觀使用電暖爐開銷。

10、薄窗簾出氣

室內加裝薄窗簾，能讓熱氣冷空氣出去。

11、電扇清洗易

電扇用一段時間後，須拆外框跟卸下塑膠片扇清洗晾乾再使用，馬達與接觸點須清理掉一些骯髒纏繞物，避免馬達功率下降，造成愈來愈耗電結果。

12、空插座安全

外出拔掉所有插頭，除了省電外，也不至於造成接觸不良，或電線走火悲劇。

13、自洗濾網片

冷氣機裏除塵網片也須定時清洗，避免沾上過多塵埃降低冷氣效率，虛耗電力。

14、常關水龍頭

刷牙時或洗手清潔劑時候，暫時關掉水龍頭水，避免無謂流出浪費資源。

15、燒水要控量

如果家裡飲水都是瓦斯燒煮開後飲用，每天燒一天的量就好。水燒多沒喝完一擱久，第二天馬上滋生細菌，好水也變了壞水。

16、洗澡需計時

其實沐浴時間 10 分鐘就能將身體頭髮洗刷乾淨。是不必多花額外三、四十分鐘去打理的。

3 之 7 節流

1、保險多思量

參加保險前務必衡量自己未來付款能力，不要輕易相信銷售顧問建議；因為他們都有著業績壓力，難免會有言過其實承諾。如果你決定購買，爾後又出現無法繳納情況，你繳過的錢不但拿不回，原本保障也立刻歸零。

2、砍掉月租費

終止你與手機業者合約，改用儲值卡，要使用 WI-FI 利用寬頻網路或筆記電腦上網找資訊就可。

3、儲值卡蠻省

買儲值卡，可託家裡外勞，在她們常去匯款印尼店購買，以

300 元儲值卡為例，就可讓你多賺 50 元通話簡訊費。

4、修理自己來

要學會家事 DIY，換燈泡，修理水管賭塞，或馬桶漏水等等；樣樣自己來就好。隨便請師傅修繕，最少也需要 500 元。

5、看片免搶先

想看好萊塢某一名片，不必搶著去看院線片，忍一下子，幾個月後可能就會出現在電視節目或 Youtube 頻道；以鐵達尼跟大白鯊跟不可能任務這三支片子為例，就曾在電視台重播好幾次。

6、水是萬藥王

一有時間就起來走動拿個水喝，或走出室外接觸陽光；或到超市買個必需用品，避免吃飽睡，睡飽又吃的不良習慣。

7、缺席俱樂部

雖然健身俱樂部裏那些機器單價都不斐，雖然那裏有心儀對象跟你大拋媚眼，更有一流教練一對一指導；你無妨暫時終止合約；試改騎單車或健走，同樣能有效消耗掉很多卡洛里。

8、減免管理費

如果家裡有久病成員，你可持相關證明直接跟社區管理委員會，要求減免或不需支付管理費，來減輕家計負擔。

9、公車有充電

如果你是公車族，可以合法在司機後方平台處，讓手機充電，減輕居家用電負擔。不過像是火車站或醫院或一些私人咖啡廳餐館雖有插座，可不能隨便就充，容易因此背上竊電罪名。

10、拍片精彩賺

如果你用的相機是 Mamia 或更高檔的哈蘇布萊德機種，你都隨身攜帶著它，往往你會看到難得的老夫婦，雙手緊牽過馬路感人畫面。你拍下它，上傳一些專業攝影買賣網站，還可能替你帶來意外之財。

11、金飾店殺價

你想賣掉金子走進飾金店同時，先看店裡懸掛行情是多少，再讓老闆秤出金子重量多少，最後他可能告訴你可賣得 19650 元，你不要馬上說好；試著要求多給一些，只要你能稍安勿躁，往往經過兩次要求加碼，老闆會讓你心想事成。最後多凹個一兩百，甚至上千（金子愈重才可能讓你凹得愈多些）都非夢事。

---

3 之 8 嘿咻

孔夫子曾云：食色性也。

聖經對情色也有這誡命要門徒順服：「凡注視婦女而動淫念的，心裡已經跟她通姦了。」——馬太福音 5：28

放眼當今社會，能夠真正不食人間煙火數目有多少難不得而知，可以確定是，只要有男人地方，必有阻街女郎為了生計，跟路過男人；大拋媚眼。

論道愛愛，它是上天賜給我們好禮；無論是未婚，熱戀中還是老夫老妻，都必然會有愛愛需求。而如何一方面享受上天賜下好禮同時，又能省下一些費用呢，以下準則提供您參考：

1、家花跟野花

家花還是野花比較香，其實無絕對定論。重點是，如果敢偷吃，必須承擔被抓包，甚至鬧上法庭或走上離婚這條路，還需支付對方贍養費等風險。捨棄家花，拼命追逐野花結果，夜路走多，容易遇到那東西。特別是已經出軌情色男女，趁早回頭，才能確保荷包不縮水。

2、算準安全期

對一些有亂經習性女人來說，自然安全期也難以掌控。如果經期很規則，那男生很多時候就可不須買安全套去愛愛，省下一盒數百元安全套費。

3、性愛金光黨

碰到飛來艷福時，要先冷靜思考，想想自己有周杰倫才華？有郭台銘資產千分之一嗎？有金城武臉孔嗎？艷福不會隨便自由落體。如果突然有人投懷送抱，主動邀約上摩鐵，必有詐。小心遭設計拍下光碟，後果更不用說。

4、激戰不准拍

　　無論妳跟他關係如何密切，愛愛前須言明，雙方均不能將激戰內容用手機或相機錄下來。道理簡單，哪天有一方背叛，就可能被另一方嚴厲懲罰，將激戰影片上傳網路，甚至遭勒索，賠光妳積蓄；不想無端變成A片主角，愛愛前要多思量。

5、搭便車危險

　　想搭便車者或想半路帶陌生女子回家者，都可能遭色計，遭仙人跳團隊恐嚇取財。被害人容易賠了夫人又折兵。

6、性騷擾性侵

　　如果一時性起語言挑逗，或隨便觸摸對方身體，都會遭刑事起訴並須付民事賠償費。如果膽敢性侵害對方，必得付出沉痛代價；好色者應引以為戒。

7、網路上援交

　　網路上援交妹交易，就算雙方談好條件，還是於法不容，會遭制裁。如果實在是慾火焚身，那找合法對象去消壓解勞。不過仍須提防，明明事前兩情相悅，後來又演變成挨告性侵，還得去舉證自己無辜，勞民又傷財。

8、交易行情

依據多國健康福利社會法與性愛調查資料發現；主要國家阻街女郎一次交易行情大約是這樣的：（單位台幣）澳大利亞 4,500、巴西 1,800、加拿大 4,500、上海 20,000+、香港 1,200-6,000、美國 3,000。

---

3 之 9 飲水

1、喝水不須省

每天喝乾淨水 1500cc 到 2000cc；有促進新陳代謝效果；這錢是不能省的。

2、山上水疑慮

如喝山泉水，一定要煮沸過。因很多水源都已遭汙染，細菌跟重金屬都過量。

3、洗米水他用

以洗米水拿去澆花（怕葉子上有白點，將水直接倒入土中）。

4、手工洗耗時

洗碗機洗碗盤比起純手工洗，還省時又省力。

5、泡水生細菌

用餐完畢洗碗前，切忌泡水，因為油膩膩碗盤泡水後，會馬上滋生細菌。

6、龍頭易耗水

買水龍頭節水器，讓流量減少。

7、洗髮可縮時

縮短洗頭髮時間為 3 分鐘。

8、沖水不泡澡

平均來說，如果泡澡會耗掉約 158 公升水，如果是沐浴的話，只耗掉 10 公升水。

9、水費哪便宜

買包裝水成本要比純用瓦斯燒水，來得高一些。

10、瓶裝水小心

買包裝水須特別注意生產公司信譽，因為包裝水運送過程中如果受到陽光照射，容易變質。

11、便宜有好水

有些包裝水廠牌都是同樣請一家水廠代工的。然而品牌不同售價也不同；要挑就挑單價最便宜購買即可。

12、要滴水不漏

常注意馬桶或水管有無漏水，一但漏水可能產生壁癌，甚至禍延樓下或隔壁鄰居，到時還要賠償他們。

13、經常要檢查

定期更換龍頭裡軟木塞或馬桶裡零件（在少部分水電行或特力屋連鎖店有售）。

14、換掉老管子

洗衣機排水管也會破裂，要偶作檢查修護或全部更新（五金行售價約 60 元）。

15、紅肉多禁忌

科學家研究過，多吃肉會多排尿，多耗水費；西瓜跟咖啡很像利尿劑，會增加排尿量會多耗水（並非反對吃它，西瓜是很好水果，然血糖高的讀者就要注意攝取）。

16、掌控燒水量

燒熱水時應以實際需要量為之；適量不要過量，量過多反而耗瓦斯。

17、刷牙也要省

刷牙時盛半杯水就好，避免邊刷邊讓龍頭水一直流失。

18、魚池水他用

澆花可用魚池裡的水，如果魚池是死水，那就不要。必然滋生很多細菌。

19、遇水就打包

要家裡小朋友從學校飲水機帶回家用，或周休二日上圖書館裝滿水瓶回家用。

20、好水呷百二

為健康著想，為能長期執行簡樸計畫徹底；必須天天喝乾淨好水，促進新陳代謝；無妨購置優質濾水器與軟水處理機使用。或以簡易濾水瓶，過濾重金屬。

3 之 10 交通

1、三公里用走

如果目的地只有 3 公里，那盡量安步當車，當作散心，當作健身，不要開車。

2、禁急煞狂飆

開車原則溫文有禮，不要常常急煞狂飆（超跑另當別論）容易發生故障送修。

3、二手車年限

　　找商譽不錯二手車商買二手車是省錢方法之一，通常一年內非小黃改裝車售價跟全新車有一大段距離，值得你選購，能替你省下一筆開銷。

4、行程先排妥

　　出門前安排好今天全部行程，避免東奔西跑，無厘頭徒耗汽油。

5、洗車自己來

　　盡量自己清洗愛車，省下清洗費用。

6、載重必耗油

　　車上盡量不要載重物，過重當然耗油，輪胎也容易磨損，縮短壽命。

7、車窗通通關

　　將車窗關上行駛，會比較省油。

8、變速車健康

　　以變速自行車取代汽車，有健身省錢雙重功效。

9、最多一台車

　　如果家裡特殊狀況須接送小孩上下課；或須常出差偏鄉地區非有車不可，一輛就好，數量多看似家人多方便，但相對地，周邊費用像保險，維修，稅金就會增加。

10、機油誰來換

自行更換機油，省下找保養廠師傅更換的工錢。

11、風阻係數小

以風阻係數值（風阻係數越小越好。愈流線型的車，其風阻係數越小）作為購車首要條件也是聰明選擇，特別是你必須經常奔馳高速公路。必然會更省油。

12、夜車省很大

遠途旅行可以搭夜間飛行客機或坐夜車，在交通工具上睡覺，第二天早上到達目的地。省下住宿旅店費用。

13、旅行作功課

旅行前，先上網搜尋目的地的小黃費率與當地 BUS 哪一家更快抵達，哪一家巴士車票便宜些。作了功課，就不會多花冤枉錢。

14、徒步最能省

旅行時盡量採取走路方式，不但沿途欣賞異地風光，還可將沿途景觀拍下，或回家後上網，賣出那些異國情調風光照片賺外快。

15、利用地下鐵

多利用地下鐵取代昂貴小黃費用。一旦到人生地不熟地方，小黃司機多半會漫天叫價，再說很多國家地下鐵四通八達，讓人有劉姥姥逛大觀園感覺。不過就實際效用來說，地下鐵交通費還是便宜的。如果英文不夠好，看不懂沿途指標，必然變成迷途羔羊。

16、二手變速車

　　購買變速車當交通工具好處是健身，又能避免塞車動彈不得陷入焦慮狀況，變速車全新價與二手價之間價差滿大，買二手車只要觀察其傳動軸跟骨幹輪軸有無損傷銹蝕，車身有否變形等。更須特別檢查前手車主的購買證明，避免誤買贓車，引來後遺症。

17、買車挑好日

　　特別是在季節交替時，購買變速車比較有誘人折扣，賣家很少會在盛夏之或春天給你特惠；相反地在寒風刺骨時令，會比較有議價空間。

18、車體輕必貴

　　有時候你必須忍受車體較重價差。以 225gram 種變速車跟只有 117gm 變速車價差可能達數萬元不等（還要看品牌而定），為了能省下一些預算，你只能退而求其次，選擇車身重一些變速車。

19、維修自己來

　　維修工作盡量自己來，基本保養工具通常都會隨車附送；如果送車廠維修，那勢必要多花額外修理費。

20、好處多又多

　　買變速車最大優勢你不需上健身房交年費，交入會費，或支付清潔費等等；同樣是交通工具，保險費比起車子保險費便宜很多。

21、購物量變少

買變速車除了有停車免費優點外，無形中你利用它購物時也會因車體苗條關係，無法載重物。如此一來，反而還讓你因此節省很多購物金。

3之11 省油

1、省十趴燃料

高速行駛時車窗跟天窗先關上。當車速來到 100～130 公里時，是最省油狀態。可節省 20% 燃料。如果行駛在市區或鄉間小路車速保持 100 公里左右，則約可節省 10% 燃料。

2、車距要安全

開車當中與前車務必保持安全間距，避免加速中突然前車出狀況，逼得你要緊急煞車更耗油。

3、要挑保養廠

愛車不一定得到正廠保養，到可以信賴保養廠就可以節省不少費用，把省下來錢，當成日後更換新零件基金也不錯。

4、機油是關鍵

市面上機油品牌很多供你選擇，選購要領呢？其實只要是來自國際大廠商品，就不需擔心有後遺症。

5、胎壓與效率

常監測胎壓，監控數字在標準值內，可增加約 10%燃油效率。

6、二波段開車

開啟車內空調必然耗油，尤其慢速行進時，如果是大熱天高速行駛時，你盡量用空調，等到你進入市區速度較慢時，再打開車窗，較省油。

7、減碳盡心力

能不要開車就盡量不要開車，盡量多走路，為節能減碳盡些心力。

8、45 公斤關鍵

讓愛車載重少掉 45 公斤，可節省 2%燃料費。

9、33%油飛了

忽快忽慢開車法最傷引擎，會增加至少 33% 耗油量。

10、不須再暖車

現代車子性能都非常好，不須像以前先行熱車後，再行駛。再說，經常怠速，會增加 10%耗油。

11、聽電台路況

開車多注意電台路況廣播，盡量避免陷入車陣，徒耗燃油。

12、汽油的 CP 值

美國汽車協會 AAA 就曾針對高級汽油使用者研究；發現每年因使用高級汽油跟柴油就浪費了 60 億台幣。也就是說，即使購買高單價燃油，不一定就能讓愛車發揮出更高效率。

13、柴油省很大

如果你工作非依賴汽車不可，可能柴油汽車比較合乎簡樸生活方法之一。以一年平均行駛 16 萬公里基準來比較，使用柴油汽車的話，明顯比使用一般汽油車要省下可觀油錢。

14、別急付罰款

開車從來沒有被警察開單，或未曾遭檢舉達人檢舉者，似乎鳳毛麟角，如果不幸你突然家裡收到罰款單，你可向監理單位申訴，（會吵的小孩，多半有糖吃）。往往你的申訴成功之後，就能省下一筆開銷。

15、停車安全距

停車也是有學問的，盡可能跟其他車，保持停車距離。往往新手停車時技術欠佳關係，容易碰撞到近距車子，讓受害車主無處申冤。（想揪出元兇不太容易）還得花錢修繕。

3 之 12 超跑

如果你已家財萬貫，完全不在乎擁有超跑須支付那些龐大開銷那就另當別論；如果願意的話，還是可以將省下來的錢，去贊助公益活動。照亮弱勢族群生命。

1、直接下單好

買超跑兩條主要途徑有二。一個是從國外直接下訂單（或直接到國外原廠選購）。另一個方式就是在國內代理商展示中心下訂單。除非你英文非常厲害，可以直接在國外跟車商挑車款議價。除非你要的是全世界獨一無二，百分百量身訂做超跑；否則還是在國內代理商選購為宜。因為光是省下國際運送費用就可以讓你再買一台新休旅車。

2、保險費嚇人

一般超跑保險費用大約是車價的 2.5％左右，還要再視車主以往駕駛紀錄決定費用高低；一輛售價近 3000 萬超跑，一年保費就得付 75 萬。另外，『道路救援險』則是針對超跑出狀況後，道路救援拖吊車沒辦法處理低底盤的超跑，或拖吊方式不當，造成二度傷害所設計保險商品。

3、漸進式汰換

除非你已經是玩家，開過超跑多年，買高檔車沒問題。如果你還是新手，建議你先從低階二、三百萬車款循序並進到中階，再到高規頂級名車，理由簡單，萬一出狀況，修理費還不至於讓你破膽三次。

4、多逛展示間

在國內購買時，如果心中沒有特殊品牌篇好，可到幾家展示中心相比鄰地點去選購。銷售顧問為了怕訂單被附近代理商搶走，就會給你一個優惠價，或加碼送五星級飯店住宿券，甚至國際航空機票等優惠都可能。

5、二手車也 OK

買二手超跑是很好的選擇，就整體條件來看，一年內車是最好不過，但價格可能比全新便宜到 20%。如果 3 年的車，價格更可能砍掉 50%。（多注意前手脫手是那些原因。如果車子出事過，那就避免）

6、先託人鑑定

購買二手超跑確切知道前手車主沒出事撞壞過，如經過專家鑑定性能依然在最佳狀況，那就去買吧，否則一昧貪便宜，很容易吃大虧，上大當。

7、保險差很大

超跑保險茲事體大，千萬不要因保險公司給了你很優厚低廉保險費，你認為佔到便宜。如果需支付保險費偏低，意味著理賠金額也會比同業低。

8、沒上課危險

很多超跑車主一不慎就撞壞車子；或奔馳中撞傷路人，原因都是沒有先上駕駛訓練課惹禍，國外類似這樣教人家如何正確開超跑訓練中心很多。多上課自然在危急時刻，容易化險為夷。

9、超跑非坦克

超跑雖然加速度非常驚人，然而車體並沒向坦克那麼堅固耐操。最好停放在車庫內，並罩上車罩，防灰塵侵蝕。或停放在大樹陰影下或地下停車場比較合宜。

10、出國請人管

如果你需出國幾天，記得交代家人或朋友兩三天過來發動引擎；如果不這麼做，蜘蛛或老鼠就可能鑽進車裡，築巢繁殖。

11、關注剎車皮

每4萬公里需檢查剎車皮，因為高速行駛超跑剎車零件特別容易損耗。

12、油電混搭好

買油電雙跑車比純汽油車更物超所值。（除非你很在意充電站數量多或少）

第四章

慾望支出
省錢法

奢則不孫，儉則固
與其不孫也，寧固

- 孔子

4 之 1 餐廳

餐廳很像消費殺戮戰場，如果心裡沒有準備，就闖入專門會坑殺客戶的黑店，保證荷包瞬間血流成河；讓你乘興而去，敗興而歸。而用餐關鍵時刻如何達到節省目的，同時又能吃得盡興？

1、臉皮厚多凹

平日要跟店長或經理（或更高層級）有建立良好關係，就容易用餐時，多凹到額外贈送料理或餐點。

2、情侶冤大頭

餐廳裏外場或店長都有吸金教戰守則，看到情侶入座會拿出情侶坑殺菜單。想當然爾，情侶所看到的都是高價套餐居多，少有單點項目；情侶們不要為了面子問題，刻意裝闊，糊塗當冤大頭。情侶大可挑非假日去聚餐，通常非假日時間，客人少，廚房師傅比較有時間幫料理煮得更美味。而服務員給的菜單價碼，必然會更便宜（通常餐廳都備有假日菜單與非假日兩種）。

3、談好價再吃

點餐同時，一定要先確認好總價多少？是依照人頭計算，還是依照大中小份量計算總價。

4、試水溫不虧

在陌生餐廳點餐不敗原則是先試水溫；先點一小部分菜嚐嚐，

如果吃起來不是很合自己口味，那先不要續點，以免損失擴大。

5、捐錢別昏頭

　　用餐完畢準備埋單時，暫時忽略結帳櫃台邊那個透明壓克力箱子存在，通常箱子會有說明客戶捐些零錢；可幫助弱勢團體或偏鄉學校添購設備之用等等，用意當然好，但客人根本不知道做了善事後，那些善款真的都發揮了應有效用嗎？既然是未知數，你就省省吧。

6、打包是英雄

　　如果點菜過多，吃不完還剩一些時，請服務員幫你打包起來，那是你應有權利。這些食物往往能讓你因此省下第二、三天伙食開銷呢。

7、吃飽哪聰明

　　標榜 xxx 吃到飽餐廳表面上看似非常划算，有牛排，有大蝦或更高檔食物，絕對滿足你口腹之慾。從另一角度來看，在短短兩個小時之內，吃進平常食量三、四倍或更多食物，吃進超量高普林食物，或膽固醇高的燒烤紅肉，其實對健康而言，反而是另種負擔。長久下來，可能三高就默默地纏身了。

4 之 2 市場

1、找廉價時間

　　傳統市場在早上 11 點前所賣的價格都偏高。只有在 11 點 45 分後才會自動降價回饋菜藍族。如果你早上上班前去買食材的話，通常會多付上 30% 食材費。

2、買魚翻開鰓

　　買魚類訣竅在於它鰓內是否可以清楚看到鮮血，還有它的眼睛是否很明亮，另外用手輕壓魚身體是否 Q 彈，如果不是的話，就別買。沒仔細檢查這三個關鍵，容易買到臭魚。

3、學發哥開殺

　　市場裡所有商品高達 90% 商品都可以跟老闆殺價。特別是一些仿名牌包包或太陽眼鏡，或進口休閒服等，可議價空間都不小。純天然水果醋或牛肉或水果，可能就無法讓你隨心所欲大開殺戒。港星周潤發有著殺價王美譽，他都勇於殺價了，你還顧忌甚麼？

4、底部見真章

　　很多一盤一盤水果或蔬菜特賣時，便宜售價容易讓人心動不已，不過你先可別高興太早。往往你翻開底部後會發現，很多早腐爛或破皮。同樣地，買衣服關鍵時刻也是需要裡裡外外，上上下下仔細檢查有無瑕疵。如果事先未明察，回家後才發現瑕疵嚴重，你很難再找到老闆要求換貨；再說，來回奔波疲憊外，也會浪費掉你寶貴光陰。

5、魚價的真諦

如果一條大鱸魚賣你 150 元，便宜是便宜，然而你還得回家拿刀給它開腸破肚。很花時間，又容易割傷雙手，實在划不來。除非你是殺魚高手，否則建議你買殺好的魚，回家清洗會更有效率。

6、土雞合著買

只要年節一到，雞鴨魚肉必然漲聲響起，平常一隻雞 250 就有了，在年節前夕，他們立刻翻漲 3 隻 1000 元，這時你可以跟旁邊阿媽協議好兩人或三人合買。花費就跟著降低了。

7、先逛再下手

市場裡同類商品攤子會有好幾個，你要購買前，市場快速走一圈就大概知道平均價位是多少，然後你再挑最便宜那攤購買就不致吃虧上當（除非老闆詐很大，有濫竽充數實情）。

8、試吃變半飽

市場裡讓阿公阿媽免費試吃食物非常多。從滷肉、滷蛋到油炸烏賊、千層糕等，多到不勝枚舉，你大可就吃它千遍不厭倦，試吃一圈後，肚子也差不多不餓了，回家吃午飯的量，變更少了。

9、試吃遭坑殺

有少數不良攤商雖然提供一大碗麵食魚丸試吃，有些消費者吃完就快閃同時，會馬上被老闆斥喝回來購買（意思是不能吃完，拍拍屁股就走），如果你還是不買，他會立刻翻臉，並索取你白吃它代價好幾十元。總之要節流前無妨先看看老闆臉色如何，再試吃也不遲。

10、殺價看陳列

你看到食材能否順利讓你砍價，取決於老闆的陳列量多還是少。如果攤位小，陳列量少，代表他進貨量不多，成本會偏高。如果陳列量多，表示他進貨成本比較便宜；會讓你比較有議價空間。

11、守株待兔法

偶而你會看到魚販用拍賣方法吸引消費者購買。只見他先後以不同魚種，或以 5 條，或以 10 條為一單位喊價。如 5 條大烏魚 700 元，逐漸降價到 300 或 250 元，願者上鉤。往往在老闆選擇休息空檔，拿出免費禮物回饋現場圍觀觀眾。可能送一包秋刀魚；可能送你半斤蚵仔只拿 10 元。看到類似拍賣情景大可在旁觀察一陣子，往往會有不勞而獲喜悅。記得現場別亂舉手，一舉手表示要購買，光舉手不埋單，老闆一干人等會變臉，不會放過你。

12、mp3 也能省

電台節目中常會有新歌專輯或是國外名家音樂會錄音播送，或網路上有很多 mp3 音樂值得你欣賞，你可以下載來做個人欣賞，讓你節省 CD 花費。僅管如此方便，千萬不要將音樂檔轉傳朋友使用。而拿來當商業用途當配樂，都萬萬不得。

13、挑時間治裝

換季前後特別是衣物，最容易有誘人折扣，愈能挑到物超所值物件。或專挑一些非營利事業的特賣會，往往他們賣的東西都來自廠商免費贊助，買這些特賣品，你會省很大。

14、不忍亂大謀

考量購入高單價商品同時先忍耐一下，往往 3、4 個禮拜後有特價。

15、衝動傷荷包

購物鐵則：有需要才買，不是看到便宜促銷宣傳，立馬衝動購買。

16、衣服交換穿

也可試著跟自己姊妹淘，或好友交換衣服穿。（如果彼此無皮膚方面疾病）

17、優惠券讚啦

盡量蒐集優惠券抵用購物金；或在購物卡限時點數加倍回饋活動開始後才購買。

18、制服保荷包

工作場所盡可能穿公司制服，比每天花費心思換新裝出門，要省錢省時間。

19、黑色超好搭

辦公場所衣服仍應以色彩愈單純，愈容易自由搭配不失大方為考量；男生黑長褲白帶些黃上衣襯衫也是得體。再說黑褲子色彩大眾化，容易買得到，費用自然會更省。

20、好衣不寂寞

看到喜歡衣物先別急著買，可能兩三禮拜後，它自動降價了。如果兩三禮拜後被他人捷足先登，那就再搜尋其他店家。好衣服永遠不會寂寞的。

21、送禮避當令

聖誕禮物或應景商品在十二月時，價格自然高漲，你大可利用非尖峰時期，或提前或乾脆延後好幾個月購買，可省下不少費用。

22、購物非消遣

不要將購物當成你的消遣或休閒活動，人在身心放鬆時刻，最容易有購買衝動行為出現。

23、露營社交法

深山露營樂趣在於完全將自己跟家人置身於如詩如畫風景裡，台灣露營地點也多，好選擇。露營時通常會好幾個來自各地夥伴一齊紮營；生火烹飪食物。把自己煮熟的野菜雞湯拿去送給新朋友品嘗，很快你也會收到對方燒烤檸檬魚作為答禮。

4 之 3 嗜好

嗜好是個很奇妙東西，一但我們開始迷戀它，就容易愈陷愈深。時間一久，也難全身而退。

以一代紫砂壺大師顧景舟任一個作品為例；動輒上千萬元甚至上億元，然而都是收藏家最愛。像藝人凌峰就收藏很多大師作品。周杰倫擁有超跑骨董車十餘輛。或像是歌手費玉清名下房屋多棟，同樣令人驚嘆。

1、收藏易分心
停止收藏，開始將它一個一個賣掉，因為收藏愈多，你的心思也會跟著落在那邊。上網拍賣換現金是不錯的方法之一。

2、種菜自己來
房子空間許可的話，自己種些蔬菜；可免去農藥殘留恐懼；又可達到運動活絡筋骨效果。

3、離菸 500 浬
開始戒菸省下可觀開銷。戒菸方式採取漸進方式，一天減少一根，再慢慢增加戒菸數量。

4、口中化學物
開始戒口香糖，雖然它有讓口氣芳香效果，但翻開它成分表就會知道包含多少人工化學物，如果改喝黑咖啡（非劣質黑咖啡粉豆製成）還不容易吃進化學物。

5、戒酒省開銷

開始戒酒吧。固然它有瞬間暖身或養生（少量）增加血液循環效果；畢竟還是一筆可觀開銷，能省就省。

6、自沖黑咖啡

如果你習慣購買現沖咖啡，一般須付 35 ～ 250 元代價；一個月下來也是可觀支出。無妨改買簡易型咖啡機，買咖啡豆自己在家沖泡。如果可能的話，沖泡美式黑咖啡比較健康，也可省掉糖跟奶精費用。

7、冰封會員卡

暫時停掉你的會員卡，健身俱樂部或年費動則數十萬元一張的高爾夫俱樂部會員卡；停掉它後就可省下大筆支出。再改成步行登山，還是有健身效果。

8、檳榔傷口腔

如果你在意你健康狀況，無妨暫時戒掉吃檳榔習慣，至於它的負面效果有多嚴重，諮詢你的醫生就會有答案了。

9、超簡樸修女

曾獲諾貝爾和平獎得主德蕾莎修女（TeresiadeCalcutta）被梵蒂岡正式封為聖。這位名聞全球善行滿天下的天主教徒，其蒙主寵召前夕，她的遺產只有一條毛巾，跟一個盥洗用的臉盆而已。或許她如此簡樸精神，值得你參考。

4 之 4 交友 app

儘管 Line、wechat、whatsapp、臉書 messenger 幾乎掌控聊天 app 百分 95 市場，然而仍有甚多新交友 app 不斷地透過手機廣告，向你大拋媚眼。通常這類型軟體公司會索取每年 3000 元以上會費不等，只要你有錢、會掰、多半能找到接近理想對象，如何省錢找到心儀的另一半？

1、前輩的建言

先看一些過來人評論，正面評價或負面評斷；都要列入繳錢入會參考。這也是你必須要做的最重要的一項功課。

2、造假騙很大

入會費多少當然不可能讓你有議價空間，值得注意是，當你開始瀏覽目標對象照片時，往往會發現同一張照片卻有好幾位化名不同分身，這意謂軟體公司已造假（虛灌人數），你最好避開這些 app 地雷。

3、尋找簡樸友

　　網路交友騙局遍及全世界，以東南亞英語系國家為例，他們交友 App 上雖然沒有像國內分身造假情況，不過假冒人頭情況卻屢見不顯。往往照片上人模人樣，優雅迷人，等到你開始實際 video 對話發現，你感受就像從天堂掉落煉獄，反差往往大到令你搥胸，直呼騙超大。

4、騙你團團轉

　　尤其像印尼或菲律賓那邊女孩，跟你交談幾次後不是以家中貧困為由，要不就是希望你投資當地生意當話題，想跟你要錢，我就曾數次透過本地西聯 westunion 匯款過去濟貧，有些更開放女孩第一次聊天，直接跟你要生日禮金，台幣 5000 元起跳，她還會承諾收到錢後；讓你擁有她沐浴影片；如果你還相信這類天大謊言，那你是世紀大笨蛋。

5、白俄女詐婚

　　如果是歐洲地區女孩，就會以她參加甚麼公益團體義工，希望你自由捐獻，盡快匯款過去救救該公益團體；如果是碰到白俄女孩，她會更直接表態馬上跟你結婚，而且她會說，她就住在你家附近；你說，你會不會害怕著了道？

6、基督徒拒色

　　如果想認識心地善良對象，那本地愛諾園交友網站會是你另一個選擇，入會不需任何費用；值得注意是，會員都是基督徒，如果你有非分之想，你必大失所望，真正基督徒都會遵守十誡，拒絕情色誘惑。

7、真愛瀕絕種

交友之前自己須有個體認：想找尋所謂真愛，愛情第一，麵包其次的對象愈來愈困難，如果你薪水微薄像一張吹彈可破白紙，如果你沒家產可繼承，如果你依然是無殼蝸牛，就算找到理想對象，往後的生活費用勢必更加沉重，除非對方一廂情願認同你的狀況，也願助你一臂之力，那就另當別論，要不的話，最後受傷的還是自己。

4之5 茶飲

論起臺灣名茶如凍頂茶、文山包種茶、東方美人茶、松柏長青茶、木柵鐵觀音、三峽龍井茶、阿里山珠露茶、高山茶、龍泉茶和日月潭紅茶、大禹嶺、吊橋頭、日月潭紅茶、杉林溪、梨山、福壽山茶都有各自眾多粉絲，長年追逐其特殊風味。而台灣最獨特茶業文化之一就是茶葉價格差距了。冠軍茶一斤可以賣到 60 萬或上百萬元以上。一般無特色品項，行情約每斤 1200 ～ 1800 上下，你要怎麼省又能兼顧 CP 值呢？

1、首選純紫砂

工欲善其事必先利其器，想喝到好風味茶第一步，你要擁有一只純正血統紫砂壺。一般茶癡都知道揀選中國宜興一廠紫砂壺來泡茶。為實踐儉樸生活的你大可不必追高檔名家壺，只要是純紫砂（要避免買到機車壺，粗製濫造加入很多化學成分，危害健康）就可以了。

2、把握 3 點金

正統紫砂壺多不會出現在市場攤販，以一般茶行居多，幾百元就有，挑選時注意三點金（壺嘴跟壺把跟壺蓋上頭圓禿點，必須成一直線）原則就可。

3、個人壺最省

如果你平常只是自己一人喝，那買一口壺（個人小壺）容量約120cc 就可。一來省水，二來也可省下很多茶葉用量。

4、一茶對一壺

為了喝到純正好茶，最好是一茶侍奉一壺，如果同樣一個壺你一下喝包種，一下泡高山茶，明天你又泡東方美人茶，這樣混著泡，茶味必然跟著走味。

5、機器嘛 ok

如果你有品茗師傅功力，能精準品嘗出茶葉原來風味，那就另當別論，否則買茶葉時，選擇機器採收就可，相對地人工採收價錢往往比機器採收貴上 30%以上，能省就多省。

6、茶少不失味

同樣壺同樣茶葉，同樣熱水條件下，耐泡茶葉可讓你沖泡達 7、

8 次之多；不耐泡茶，可能 3 泡之後立刻變澀變苦。耐泡茶中首選是東方美人茶。該茶產量少，自然單價高很多，無妨壺裡只放少許東方美人，嘗試品嘗其淡淡清香帶點甜蜜簡樸滋味。

7、買茶易遭騙

我曾去過茶行親耳聽一位老闆說，其實基本上甚多同行只採購一種茶葉，如果客人要買鐵觀音茶，老闆就拿經重度烘焙幾乎全熟茶給客人，如果客戶喜歡生茶，就拿完全不烘焙茶葉。如果客人喝慣半生半熟茶，老闆就投其所好給她中度烘焙茶品。

簡單說，老闆只進一種茶葉，而他所賣的杉林溪茶或日月潭紅茶或鐵觀音等等品項，全都是由單一種茶葉或輕度或重度機器烘焙出來。要是你不明就裡，就可能花了大禹嶺茶價碼實際上茶葉只不過是低階品項經過烘焙掩飾而已，那可真的虧大了。

4 之 6 娛樂

1、租借勝花錢

上圖書館租借 CD 或閱讀器閱讀電子書，替代掏腰包購實體書。

2、愛上網路樂

只要家裡裝有 WIFI，就能輕易從網路上找到老歌；爵士樂跟古典樂等串流電台節目，讓你直接下載。每天的樂曲都是新鮮出爐，讓你百聽不厭。

3、多往戶外跑

參加免費戶外大型音樂會（貢寮或墾丁或淡水漁人碼頭常會舉辦）替代付費型個人演唱會或國家劇院盛會。

4、不外出用餐

只有在受朋友邀請或是一些婚宴場合時，才在外用餐。平日在家自己做菜。

5、專長轉收入

將自己個人興趣變成收入來源，比方寫歌，創作碳畫、裱褙……etc.。

6、圖書館充電

常上圖書館借閱書籍雜誌（有一部分是不能攜帶外出）回家充電。省下訂閱購買花費。

7、網路新聞多

很多即時新聞都會很快出現網路上，你不需再花錢購買一般印刷報章雜誌。

8、尋購物平台

多利用網路平台比較商品售價，找到最低價或贈品項目數量多，保固期長的商品來節流。線上購物可以省下你上街採買時間跟交通支出。

9、取消電郵件

取消訂閱購物優惠電子郵件通知，往往我們容易被一些商品特惠通知所利誘，產生衝動性購買，造成不必要浪費。

10、修理不求人

哪怕只是一顆小小鈕扣或褲管底端破損，盡量自己修補，如果技巧還不是很純熟，Youtube 就是你的教練，求助它就對了。

11、廢紙再利用

將寄到家裡要丟棄信封或 DM 先留下來，當成你外出購物買菜清單，不需再花錢購買 memo 紙。

12、剪髮 DIY

雖然街頭上有 100 元剪到好快速理髮店，不過你還是可以自己一邊看著鏡子，一邊剪。或請家裡外傭代勞（很多印傭都有此方面技能）。

13、美甲找閨密

羨慕美甲店裡貼心修指甲刮腳皮服務嗎？請好友閨密細心代勞，可以省下 400 ～ 1000 元不等支出。

14、居家變寬敞

將家裡東西利用收納術，全歸定位，該丟則丟該賣則上網拍賣，經過細心整理後，你還會發現家裡空間變得更寬敞。

15、賀卡自塗鴉

賀卡自己製作就可以，雖然文具店裡一張卡僅須 50 元；然而自己製作帶自己塗鴉剪貼後，收到賀卡者，其內心感受會更強烈。

4 之 7 婚宴

1、先尋求贊助

婚宴大事對首次結婚新人而言是非常重要的，從化妝到聘禮，從伴娘到伴郎…好多好多環節一點都不能疏忽。那麼多瑣碎事，必須由多人來負責，所需資金最好能尋求兄弟姊妹或好友慷慨解囊。免得到要緊關頭突然沒經費就容易出糗。也可言明收到禮金後，逐一歸還。

2、宴席在戶外

宴席設在戶外舉行沒甚麼不好，不要直接在草坪上就不會被蚊子叮得滿頭包。也不會有二手煙燻人困擾。只要你所提供料理夠水準，婚禮節奏進行順暢有看頭，戶外型宴席還可幫你省下可觀費用。

3、無酒無飲料

宴席中不提供好酒，可避免高分貝划拳吵鬧聲；此起彼落。不提供飲料，可讓賓客減少受到化學物危害健康。

4、午茶代晚宴

為了省錢或過實際簡樸生活，結婚時可以招待下午茶宴客替代晚宴。只要辦得有創意，以午茶替代晚宴，沒甚麼不好。（名人主持人陽帆結婚時，就是使用此模式，完成一場別緻的婚宴）

5、一對一給菜

用餐時有服務員針對賓客一對一給菜，就不至於發生來賓拼命打包情事；也讓賓客感覺自己備受尊重。

6、規模縮小辦

除非想藉此機會海撈一筆，否則崇尚儉樸精神，只針對至親麻吉，縮小宴客人數招待，當然能省下更多錢。

7、借金飾禮服

向親友或金飾店借到戒子項鍊，或以租借禮服替代訂做；能省數萬元以上。

8、教會服事團

請教友弟兄姊妹牧師來禱告祈福，其經費會比起聘請樂隊歌手表演要來的更省。

9、錄影選時段

如果有請專人在現場拍攝，可言明在先，以小時計費，不需要求全場錄影。關鍵時刻錄下就好。

10、自拍婚紗照

　　婚紗照自己拍？那背景呢那光線呢，這些都免煩惱；現代手機攝錄性能都非常好，台灣有的是好山好水，漂亮背景到處有；拉拉山或阿里山或嘉明湖（需好體力才能抵達那仙境），就算光線出包也沒關係，拍完照片經繪圖軟體 photoshop 或手機 app 修飾過，其效果不輸專業攝影公司。

11、刪化妝時間

　　曾經有新娘光是為了結婚當天美美的，就化妝了整整 3 天；固然新娘妝也有其基本要求，然而過多著墨，往往就是浪費，有可能的話，盡量縮短化妝時間吧。

12、中場不換裝

　　也不曉得是哪個朝代傳承下來規矩，規定新娘宴客當天都須換裝再換裝出現於賓客前。然而新娘單套到底也並不失禮；再說換裝愈多，所需支付代價也愈多。

13、簡訊自己來

　　找印刷小店代印喜帖時代已過去，邀請親友參加婚宴，透過群組或簡訊就可以了。

14、減伴娘伴郎

　　伴娘伴郎數一多；場面好看是好看；相對所需支付紅包也多。

只請一位伴郎跟伴娘，不也 ok 嗎？

15、少佈置少花

　　只要宴客廳有著喜氣洋洋氣氛就夠了，如果花太多心思與經費於現場，賓客多半不會去注意，他們在易的是禮金包出去後，跟享受到的餐點 cp 值高嗎？

16、飲料酒限量

　　如果擔心不提供飲料不提供酒給來賓，那就嚴格限制每桌供應量（能省就多省）。

17、在家度蜜月

　　外國人常有返璞歸真作法，會讓蜜月過得很 special。他們不去歐洲，也不會去亞洲度蜜月，反而選擇在家度蜜月。這麼一來，機票錢，甚至到交通接駁費，旅店住宿費通通省下來。

4 之 8 搬家

1、先比總費用

　　搬家之前先找兩三家公司比比價錢，擇最有利價格跟他們簽約。簽約前自己先擬定出預算大概多少？最多付多少可以接受；通常搬家公司都會報低價讓你上鉤，等到你簽約後，他們實際搬了快完的時候，喊說東西太多了，必須加小卡車三台才能完成。你跟他抱怨也沒用，他們來個軟性罷工，你也沒轍。為免荷包失血，先簽立好合約，言明必須清空才會付尾款等等，以免節外生枝。

2、有但書心安

合約內容固然搬家公司都有制式合約，然而為了避免搬家過程中突然巧立名目要加收額外費用會令人難以認同，甚至發生公司半途丟包尷尬情事。最好加註但書，確保自己權益。

3、估價估兩案

找公司估價時要他們就所有物件跟純重物件（大衣櫃；冰箱；冷氣；洗衣機…）分開報價。然後自己評估中或小型物件如果自己搬運只有重行物件委託搬運，兩者哪一方式划算。

4、垃圾代價高

如一些種花的土壤或古早破舊不堪廢鐵鋼板，這些處理費用都很高，因為搬家公司搬完還得找郊外隱密地方丟棄，人力增加跟車子多耗油，都會使總費用增加不少。

5、找免費資源

尋求教會弟兄班等，幫忙搬一些中小型物件如桌椅餐廳桌，或請好友開車幫忙帶電腦掛衣架打包好衣物…這樣可省不少搬遷費用。

6、告示諸好友

如果順利完成搬家同時，在就家門口貼小海報，告訴郵差或上門拜訪親友知道你已喬遷，讓原本通訊不致中斷。

7、損毀遺失時

　　搬運途中物品難免碰傷或整個廢掉都在所難免。搬簽完成同時你須逐一查核，若損毀則要求賠償；賠償金額很難界定，對你有利情況是，你能拿出原始購買單據，再依據那金額多少，跟搬家公司索賠。

---

4 之 9 咖啡

1、沖泡自己來

　　自己當咖啡師，買個千元左右的簡便式咖啡製造機，只要你時間拿捏得當用水純淨，加上不錯咖啡豆，就能拿出檯面，招待親友或自己享受。

2、美式黑咖啡

　　黑咖啡美式咖啡是最儉樸享受法，不需奶精或鮮奶。不需加糖不需再花心思弄些漂亮圖案於咖啡上頭。而且最健康。

3、自備小容器

　　無妨自備一個心愛的咖啡容器，在家享受怡然自得情趣，如果在外，帶著它在咖啡館沖泡，還可省下不少錢呢。

4、綠茶也不賴

固然咖啡有提神醒腦功效，不過像綠茶就是另一種不錯選擇；一般來說，綠茶價錢比起咖啡來的便宜，而且也是有些咖啡因功效。

5、咖啡豆秘笈

咖啡豆品質優劣關係著沖泡風味好壞。幾乎所有咖啡館都會以採用阿拉卡比咖啡豆為原料沖泡宣傳，然阿拉卡比豆很多國家地區都有種植，這很像台灣烏龍茶從北到南都有；簡而言之，如果你非箇中好手，是不需嚴格要求原生品種，反正能省就多省，除非你厭惡某些地區咖啡酸味，那又另當別論。

4 之 10 美容

1、分攤廣告費

媒體上廣告量愈大商品，意味著你須跟廠商攤分廣告費也愈多。

2、櫃姐難設防

逛百貨公司時，盡量不要靠近專櫃，一旦靠近，很難從櫃姐那邊全身而退。

3、保養很花錢

一旦你買化妝品後，就得再花錢買卸妝商品。

4、避免買全套

如果很難拒絕美容顧問推銷攻勢，先不要整套購買，分成幾個階段慢慢購齊。萬一用了，肌膚過敏，你還可暫時中止使用，免得花了好幾萬，對肌膚無任何貢獻，還須求診皮膚科醫師，那多划不來。

5、直銷殺到底

直銷商品很多確實很有效果，相對地，單價也不斐。一般來說，透過直銷系統購買，上線會有 35％或更高佣金可拿；如果可能，盡量跟上線銷售者，多次議價。請她給些價格優惠，或再額外送些禮物。

6、目標轉親友

向親友所屬的化妝品公司以員工價購買。（通常都有 10 ～ 30％優惠）。

7、少化妝省錢

你可以將原來每周上 5 次妝，減為每周一三五才化妝，一個月就可省下至少 8 次化妝成本，延長商品使用時間。

8、一次到位好

如果有清潔又能保濕又兼具修護三效合一效果保養品，你就不要一項一項購買。購買 All in one 保養品，就是會省很多。

9、促銷像迷湯

一些連鎖店裡常會有促銷檔期促銷它們商品，而主打套裝商品可能價格有吸引力，讓你心動不已；碰到這樣情形時，你先想想我真的需要它嗎？不要被美麗廣告文案跟迷人售價，迷昏頭。

10、促銷多庫存

往往這類促銷組合是以往滯銷商品組合包而已。美麗外表下，其實你買到是庫存品。

11、廣告騙最大

幾乎所有代言人之所以被廣告公司聘為宣傳大使主因，不是他們有真正使用那些化妝品，所以變漂亮。而是她們有著天生麗質優勢。

12、代工賣高價

一些連鎖店裡賣的色彩類或保養品；並非來自自家生產；而是找業者代工後，再冠上自己品牌名銷售。言下之意，不同品牌保養品其成本都很接近，換言之，你實在不需要多花錢去買高價品牌（純原裝進口品項，就另當別論）。

4 之 11 電腦

1、速度快花錢

除非你用慣固態硬碟 SSD 電腦，或是電競好手，要求運算工作效率嚴苛；或能確實感覺傳統硬碟跟 SSD 硬碟兩者間速度差異；否則在你汰舊換新時，選用傳統 sata 硬碟電腦，就可以省下數千元甚至到數萬元預算。

2、軟體免費多

如果你英文程度不錯，就可直接下載免費辦公室軟體使用，你不必擔心它跟傳統 Office 軟體是否不相容，在實際使用上是沒有這個問題的 Download.com 或你在搜尋引擎輸入 free office software 後，它就立刻出現下載位置。這些辦公軟體都是合法有版權；絕對免費，你不需顧慮到會有侵權問題。

3、天天送軟體

在 www.giveawayoftheday.com；每天都會釋出一個免費軟體供大家使用，有時候是讓你試用一陣子後，再要求你訂閱；有時候則是終身免費下載使用。

4、天天清電腦

安裝免費 ccleaner 或直接啟用電腦內建 disc clean 或下載免費 *.tmp 檔案，每天用完電腦前，將電腦做垃圾清除動作。電腦就不至於發生卡卡情形，不至於耗費更多電力。

5、簡易清插孔

通常電腦使用一陣子後，在 USB 孔裡容易有銹塵出現，如果不處理會讓工作效率降低；傳輸檔案速度變慢。有鑑於此，針對電腦 USB 孔，以活化劑噴入；而印表機或外接硬碟連接線 USB 頭部，則以美工刀刮除掉銹塵，經過內外除塵處理，運算速度會加快。

6、搶新代價高

　　大可不必搶新型電腦頭香,通常一台20000元新型電腦上市後,約3個月,售價自動會降掉30%,也就是說忍耐3或5個月才買,就能幫你省下至少6000元。

7、護眼擺第一

　　想過簡樸生活無妨暫時脫離遊戲軟體轄制。一來可省很多電費;二來讓電腦有喘息機會,不至於被操到疲勞過度,縮短其壽命。更重要是讓你雙眼能有多喘息機會。

4 之 12 旅遊

1、旅店坑殺大

　　太多國家小型旅店對於國外旅客也是坑殺不留情;租金名目多之外,還隨時有歹徒闖入劫財又劫色。反倒是一些有良的民宿比較安全。比較有隱私權。

2、加入新行列

　　你下飛機後,立即上網搜尋當地相關資訊,找到同樣來自國外的背包客共同租屋,節省房租開銷。

3、絕不搶旺季

經常出國的朋友都知道，旅遊淡季還是旺季。無論是機票錢住宿費，都相差很大。不需要為了湊熱鬧趕旺季出國，去支付額外開銷。

4、泡麵親下廚

為省下可觀伙食費，除了偶而搭配泡麵裹腹之外，也可親自在接待家庭或民宿廚房，親自下廚，煮些蛋炒飯等；畢竟外食的代價總是比較高的。

5、廉航是首選

以桃園到新加坡廉航機票錢為例，來回約 5000 元，非廉航代價高出甚多。當然你是不可能只花廉航代價想獲得非廉航公司禮遇。

6、步行跟火車

在外旅行通常單車跟徒步旅行是最省錢方法又有健身效果之一。有些國家火車更是便宜。至於小黃對外國旅客來說雖然非常方便，但危險指數偏高。除非你有三頭六臂之軀，除非你空手道很厲害；除非你英文跟當地語言很精通；否則絕對不要輕易嘗試找小黃代步。

7、我要搭便車

搭便車風氣在台灣並不鼎盛。國外則彼彼可見。如果你外語精通，外貌 ok 在異鄉作客；那就不難心想事成。達到節流交通費目的。如果是女性又落單，勸你還是規規矩矩等巴士，或找警車協助為上策。

8、拒絕紀念品

論道全世界各地土產或紀念品量之多，即使你用 100 個大貨櫃來裝載也裝不完。旅遊途中買這買那，無形中加重行李負擔，還可能因此行李超重，得多付昂貴航空託運費，能省就多省省。

9、作帳不嫌累

在外旅行同樣要每天記帳，嚴格控管每日花費。懶得做帳結果，可能讓你變沒錢返國。

10、找教會午餐

教會在周日敬拜讚美之後，都會有『愛宴』招待會友。愛宴並不是一般人想像中滿漢大餐，大魚大肉；可能只有炒麵炒飯；或慶生蛋糕飲料而已。對背包客來說，這些美食也可以飽足一天沒問題；而且絕對免費提供。當地哪裡有教會；google 一下就知道了。

11、民宿送早餐

找到民宿比起飯店打尖大約會省 50% 住宿費。如果該民宿還附送早餐，那最好不過了。要不然在飢腸轆轆時，還得穿上衣服外出找食物，不符合經濟效益。

12、東方夜快車

找民宿能有效節流住宿費之外，改搭夜車，睡車廂，睡上下舖，也是聰明策略。

13、學生證妙用

在台灣找家教賺生活費，那張國立大學學生證最吃香。學生家長看到學生證就會當場下聘。到了國外，你的學生證同樣會受到禮遇，有些餐館戲院或劇院，也會有優待給來自國外學生。

14、求助觀光局

每個國家都有觀光局主導觀光活動策略；你抵達異鄉後，可尋求該國觀光局協助，取得各種免費資源。

15、畫草圖外出

除非你懂很多國家語言跟方言，不然你在外購物或用餐看到一些奇形怪狀像蚯蚓，像爬蟲字體密密麻麻菜單時，容易焦慮，不知如何清楚讓跑堂了解你究竟喜歡甚麼料理。如果你出門前用筆簡單畫出牛排，或水果圖樣，再帶圖畫外出點餐購物，就不至於發生雞同鴨講尷尬情形。節省你很多寶貴旅遊時光。

16、匯率的禁忌

背包客們都知道，出國前問好當地匯率多少，然後準備足夠錢再出發…機場兌換匯率通常較不利於兌換者。

17、不需找嚮導

即使 google 地圖應用程式受大家喜愛信賴，它偶也會出包；讓你多走冤枉路。找嚮導又不便宜。所以必須出發前從相關旅遊書籍或旅行社提供目的地相關資訊，確實掌握搭車所需時間與回程班車時刻等訊息。總之，只有做好功課，才能幫你省錢。

18、別在外找水

在台灣餐館裡開水都是免費供應的，國外則不同，要是你上餐館，不明就裡請服務員給你水喝；帳單來時你心裡會很不爽，因為那杯水是要另外計費的，自己帶水外出才是上策。

19、異鄉少真愛

千萬不要以為自己飛來艷福，突然遇到帥哥辣妹投懷送抱；或對你頻說 I love you so much。要是你也跟著一時性起享受魚水之歡，可能你現金信用卡手機都會被洗劫一空，說不定還有生命危險。出國在外，需時常提醒自己，異鄉少真愛；務必戒色，方能明哲保身。

20、住宿聰明省

通常背包客或一般人到國外自由行，都會跟當地民宿租個 7 天房間，表面看好像省錢，其實還不夠省。應該以中短期方式（30 天）去租比較省。定點租屋更有利於定點旅遊。

4 之 13 郵輪

1、住大房虛耗

上了郵輪，你不需住大房間（費用較多），很多時間都會在甲板休憩或在大廳觀看表演，真正在房間的時間只有夜晚睡覺時。

2、何必擠旺季

選擇淡季出遊,更省錢。

3、vip 折扣多

盡可能申請為 VIP(因購物有折扣)。

4、好酒帶上船

自己帶好酒上郵輪,餐桌上的美酒不便宜。

5、下碼頭買書

一下異國港口,買旅遊手冊再去逛。

6、甲板找人拍

在大船上拍照,找同行者拍照就好,郵輪甲板上雖有攝影師,會幫你服務,不過;那是要另外收費的。

7、甲板收 WiFi 錢

很多郵輪甲板上,會多收網路費。每分鐘約 25 塊台幣不等。

8、船上不做 SPA

如果累了,自己按摩穴道鬆筋就好,船上的 SPA 或按摩服務,要另外收費。

9、衣物自己洗

洗衣服的話,自己帶洗劑上船,自己洗完在浴室晾乾即可,交給船上洗，會另外收費。

4 之 14 退休

1、少變冤大頭

當別人知道你已退休，就會向你推銷高價養生食品或塔位，你難察覺來路是否安全，要付出大把錢之前，最好找家人先商量。

2、誆投資騙財

不要隨便相信別人推薦投資會賺錢，特別是部分墓園產權都不清，容易發生糾紛，賠了投資又傷神。

3、找租客照應

盡可能將空房間出租學生或可信賴上班族，一來收入增加，二來還可互相照應。

4、菸酒閃一邊

務必戒菸戒酒，避免血壓升高。

5、沒伴禮免來

朋友來訪前，暗示他要帶伴手禮過來。

6、忌攀高修繕

一些「簡易」修繕,自己來就好,但避免爬高或搬重物,容易受傷。

7、錢絕不外借

不再出借金錢給朋友跟自己兒女。

第五章

借貸債務
省錢法

我相信生活是簡單的
我一樣愛過簡樸生活

- 拳王 Manny Pacquiao

5 之 1　大學生

1、房東比大小

跟房東簽訂租屋合約時，要確定他是否二房東；如果是，需先出示他原來跟大房東合約，如果合約上沒特別註明可以轉租，那不租為妙。萬一大房東追究，你權益可能不保。

2、我不要加糖

買茶飲店珍珠奶茶或水果茶時，請店員不要加糖，因為加甜後變好喝。你會一口接一口吸它，很快那杯茶就見底。如果不加糖，它雖有些不好喝，卻可以因此延長見底時間。

3、讓汁多外流

在自助餐廳挑菜色時，先用大杓子擠壓蔬菜。或讓滷豆皮，湯湯水水料理讓它汁流出，菜色少了湯湯水水，在秤重計費時，就不會多花冤枉錢。

4、圖書館冷氣

少待在自家屋內，盡量去圖書館看書吹冷氣，省下電費。

5、包吃包住好

打工賺錢時盡量挑餐廳工作，因為在餐廳都會免費提供午餐、晚餐給工作人員；如果又兼差早餐店，連早餐錢都可省下（並不鼓勵全時打工。因工作多易荒廢學業，甚至賠上健康）。

6、校刊賺稿費

向校內有發行刊物的科系投稿，賺一些稿費。

7、水瓶裝水回

上圖書館同時，把自家水瓶也帶過去加水，帶回家喝，省掉買水費用。

8、借錢要聰明

同學難免會手頭一時不方便時候，會向你借錢，如果有餘力就幫些小錢無妨。不過得先請對方簽字據，並手機拍下對方拿到錢照片。你每月跟他收銀行同樣利息或稍高一些都可。你合法賺利息錢只要沒有收取重利（法律規定不能超過19%年息，否則就犯重利罪，要特別小心）。如果日後人家有困難一時無法清償，你多給人家時間，切忌心急如焚前提下，恐嚇或施加暴力，都是愚笨行為。

9、合租細思量

同學間合租樓層或套房是很稀鬆平常的；然合租前要先了解他們衛生習慣好不好，或手腳乾不乾淨，萬一中途付不出房租時，變成你需負責他們租金，那就不好了。

10、不須再買筆

教授在課堂所教的內容，不需拿筆或筆記本抄寫，用手機全程錄音，省下文具花費。

11、二手的制服

跟學長買二手制服跟二手教科書使用。

12、多走多運動

除非校區距離家裡遠，必須機車汽車代步，否則捷運外加公車與走路最省錢。

13、街頭藝人讚

在校園內空曠地方彈奏樂器，展現你音樂方面才華，也是賺取生活費方法之一（或可先報考街頭藝人執照，再利用假日，在風景區表演賺錢）。不過並不是每個周休二日你都可以表演，還是得先經過公平抽籤後，才能合法演出。

5之2　刷卡

1、選卡須逆思

在國外刷信用卡會有「國外交易手續費」，銀行的海外手續費都是 1.5%（信用卡國際組織手續費 1% + 銀行國外交易服務費 0.5%）。妳需選擇有高額現金回饋發卡銀行，來沖抵手續費的損失，還可賺額外的回饋。

2、手續費當心

如果事後想要取消刷卡、辦理退款，會被加收「刷退手續費」以及原本「刷卡消費的手續費」，要特別注意！

3、國外多死角

國外甚多地方並無提供刷卡服務，出國前先上網搜尋，才不會出盡洋相。

4、單據別亂丟

無論妳簽帳金額多或少，一律保留明細與發票收據，以免發卡銀行電腦出包，計算錯誤情形，讓你破財。

5、網路多詭詐

不要用信用卡線上購買國外東西，容易遭駭、盜刷。

6、升等大陷阱

拒絕發卡行將卡片升等。如普通卡升級為金卡，或無限上網信用卡，往往被迫升等後；你的薪水沒增加，消費卻暴增，容易變成卡奴；特別要提防。

7、購物必殺價

既然知道很多店家會加收刷卡服務費，乾脆在跟商家買東西時，先砍掉至少 5%以上售價，來折抵服務費，才划算。

8、1.5%的底線

盡量找有現金回饋發卡銀行卡片去刷（如果有 1.5%以上回饋，

妳才真的划算）。

9、循環息要命

簽帳同時，告訴自己，我必須寬限期一過，全部結清；打死也不要留下應付帳款，去滾出驚人循環利息。

10、最低繳款額

帳單上的最低繳款額形同陷阱，妳繳得少，輕鬆是輕鬆，後頭累進利息，會吃掉妳很多積蓄。

11、無息才安全

預借現金能不要用就不要用，因為除利息外你還需支付手續費。

12、銀行可殺價

信用卡利率多半可以跟發卡行議價，就算只能砍 0.05％，也等於賺到錢。

13、刷卡精算家

如果每次消費時能維持 50％現金，50％刷卡，無形中讓妳不至於全依賴信用卡，不至於陷入卡奴悲慘世界。

14、利息多迷思

發卡銀行計算利息並非以妳月底餘額多少做基準，而是以平均每天應付款做計算，比方到月底餘額為 50,000 元（還沒月底前，可能只有 28,600 元），發卡行利息不是以 50,000 元的多少％去計算；

所以呢，平日讓帳面餘額愈低，愈有利。

15、先預支薪水

如果公司可以預支薪水，就跟財務部先借支，就不用多付手續費跟利息費用。

5 之 3　脫債

1、零利率陷阱

買房買車免頭期款，筆記電腦、大冰箱零利率再分期。這些宣傳字眼往往容易讓人做出一時昏頭決定。然而我說過，凡是標榜不用錢，免費贈送的；往往到頭來，消費者需付出代價反而是最昂貴。雖名為零利率，實則將很多利息加入總售價中。而免頭期款利誘法，也是相去不遠。

2、分期慢慢還

如果仍然欠下手機業者或銀行卡債，必須勇敢面對解決；而能減輕負擔最好方式跟她們協商，直接砍負債金額 50 ～ 35%。也就是說如果欠下 10 萬元，無妨議價砍成 5 萬或 6 萬 5 千元，再要求分期償還。提出這些條件之前，如果能準備好低收入證明；或動過手術花不少錢，有醫院收據；或是有特殊境遇家庭證明；或是其他負債證明，都須同時提出，總而言之以『博得同情』方法，跟銀行或手機業者談，比較能順利達成心願。

3、伸援手規則

切記不要將大筆錢借給好友甚至陌生人；往往好友會因你只看
到冰山一角；以為他真的只負債幾萬元而已；實則已經有很大財務
黑洞。如果你沒釐清狀況，就展現義氣相挺，你的負債惡夢將上演；
不能不慎。

4、小道消息 No

不要隨便相信旁人投資建議；比方政府說民眾可以安心進場（指
股市），或好友給你小道消息說哪一股可買等，你都聽聽就好；最
重要下判斷之前，多讀相關資訊，才是王道。

5、股海多浮沉

股市的誡條至少有好幾千，而其中『有賺必有賠』更是不變真
理。不可能讓投資人天天賺到笑呵呵；如果想天天穩賺不賠猛下單，
負債邪靈就會鬧得你心神不寧。

6、神是最信靠

除了神、銀行存款、跟家裡老狗可以百分百信任之外，其餘的
不要相信它。（如果老伴忠心不二，那才值得信任）閩南語歌曲天
后江蕙就曾將巨額積蓄委任其至親保管，不幸地全被掏空，若非後
來天后有神特別眷顧，封麥前數十場演唱會讓她賺進天文數字，可
能就得陷入困境。特別要注意，金錢是可愛又是最容易讓人犯罪的。

7、重病會拖垮

家裡若有長輩重度失智或需洗腎或中風或植物人等重大疾病；必然會拖垮家裡經濟，身為人子必須及早做出決定，是否讓其安樂死。已失智病患為例，八年下來照護費（包括外勞；輔具；尿片；氧氣機；呼吸器；電動床；加護病房醫療費等）至少要 6、7 百萬之多；如果家無恆產，必讓家屬陷入負債深淵。

8、不要遭色計

不少漂亮的女人或長得帥男人，都是仙人跳團隊要角。天底下不會有白吃午餐；也不會有飛來艷福。如果貪戀情色，可能會遭色計，再多的積蓄也會被坑殺光光。

9、本票害死人

如果一時不慎，被逼迫簽下本票，簽名時候字跡潦草，一旦將來債權人追索時，比較可以以『遭逼迫；非自由意志情形下…』理由脫困。

10、債權轉讓糟

無論已簽下本票或遭銀行追索欠款，債權人可能將債權轉讓第三方，關於這點需特別提防。總之，最好不要有任何負債發生，它風險也是會愈滾愈大。

11、循環息駭人

雖然它讓卡友輕鬆度過消費商品蜜月期，你花 5 萬買沙發，不須寬限期到了之後付清（大來卡除外），相對的銀行會靠著它，每月收取利息，讓荷包縮水。

12、存摺常查核

常刷銀行本或以讀卡機查核戶頭餘額是否正確，是否遭駭客入侵非法提空，避免戶頭遭駭，索賠無門。

13、侵權會挨告

抄襲人家文章或未經原創者允許用它影片圖片或音樂創作，都會觸犯著作權法，需負刑事與民事賠償責任。

14、酒駕變負翁

如不慎飲酒過量（或只喝漱口水都會遭開單）遭罰款，可能須賠上數百萬元給被害人，一定要謹慎。

15、有車不借人

機車或轎車打死不借朋友開，一旦出事，車主會遭池魚之殃。借的人沒事，車主卻被連累賠上一大筆錢。

16、債養債最笨

即使已懂得將利息高的負債轉到利息低的銀行，然而負債終究還是躲不過，債務沒有清償是不可能憑空消失的。

第六章

公司經營
省錢法

即使是一個小破洞
也會造成大船沉沒

1、客戶攬牢牢

你要非常精準針對你的客戶群訴求,如果還是以傳統車廂廣告或報章宣傳,就像亂槍打鳥,容易損耗公司元氣。有效做法不難,要經常做消費行為調查,哪些族群是重級使用者,哪需族群還沒體驗過你的商品;為什麼還沒體驗過?這些都要能清楚掌握。

2、五萬賺千萬

你最好聘請商業企劃顧問幫公司診斷,找出瓶頸後,以有效策略開拓新局面,一個能力優質顧問,會將其他企業失敗案例提供公司參考,讓公司不致重蹈覆轍。每月花 5 萬,幫你省下上千萬;是划算的抉擇。

3、推內容行銷

社群媒體策略犀利與否,攸關企業存亡。如果以內容行銷方式搶灘,有部落格或電子書或利用影片行銷再搭配 youtube 影片精湛的腳本跟公司官網與消費者互動,是遠比傳統行銷更有效;更省錢之道。

4、SEO 拚卡位

找專業代理商幫公司做搜尋引擎優化企劃。搜尋關鍵字可以長一些,讓人家更快找到你;與大眾媒體關係保持良好,對企業有加分效果;也需常做公關活動或訊息發布,避免默默耕耘,讓企業陷入苦戰。

5、公司變老師

客戶的問題往往層出不窮，需要公司來解決。有鑑於此，就得將自己定位在教練，全方位幫消費者解決問題。

6、線上找群組

成立一個特定主題論壇，在線上群組討論，如果主題很有吸引力，能吸引廣大討論，從而帶來更多粉絲，再讓成千上萬粉絲，成為你的忠實客戶。

7、持續做促銷

長時間做促銷並非拼命殺價送贈品；而是常常要將好品牌形象深植入客戶腦中。

8、好口碑良藥

許多行業都是靠口碑帶來更多客源，像醫美、房產、俱樂部會員…etc.，因此如何規劃出有效口碑相傳案子來促銷商品，是絕對有必要的。不過；企業體光有好口碑，想逆中求勝，並非想像中那麼容易。

9、共享多資源

找尋屬性相接近的企業，共享資源。比方會員名單或通路資源，彼此共享，就可有效降低營運成本。

10、論件計酬傭

養一支公司業務部隊一年要花的費用相當龐大，而且不一定就能達成預定目標。如果找論件計酬行銷人員，只要商品有賣點，售價合理，行銷策略精湛；推銷尖兵說服力強；消費者有那個需求，這些委外兵團就可幫公司省下可觀支出。不過；論件計酬策略成功要件是一商品賣點特殊、售價卡得漂亮、業務精兵強悍。缺一不可。

11、合租辦公室

兩家公司合租一個辦公室，各自裝設電話線，彼此不會有通訊上衝突。還可省下大樓管理費跟水電瓦斯等費用。合租前，最好兩家公司能先取得房東書面同意書；免得日後產生無謂爭議。合約中需載明，提前終止合租的公司，須賠償另一方損失。

12、尋找贊助商

無論辦甚麼活動都是需要足夠金援當後盾，才能讓業績開花結果。有鑑於此，平常就需要儲備些口袋名單以備不時之需。像非營利事業機構，或名氣大的慈善家，宗教團體等，都可能會給予經費上贊助。

13、合買原物料

　　做生意應該先拋開同行相忌包袱。而是全然以降低成本為最主要考量。跟同業合買香料，合買備料，營運成本自然降低很多，利潤空間跟著加大了。如果擔心購買數量秘密會曝光，記得跟賣方或合買一方簽下保密條款。

14、買二手機器

　　企業體剛開始營運後，多半有入不敷出現象。容易讓老闆陷入焦慮不知如何進退。如果你是以租替代新買，或乾脆購買二手機器（機器最好沒使用超過兩年）對你財務狀況是比較有利的。

15、盡量少影印

　　雖然影印紙 500 張一小包不過 150 元左右，如果員工多，沒事印個報表或會議通知單報告書；其用量就會像雪球般愈滾愈大，相反地，改成 line 簡訊或 email，必能省下可觀費用。

16、隨時關掉燈

　　廁所、茶水間、會議室、須隨時關燈。午休時間可設定為自動關燈，杜絕浪費。

17、官網須加速

網站速度（被瀏覽時是否順暢）往往容易被忽略，總認為有漂亮官網，有生動內容行銷就夠了；其實你只做對一半。如果網站速度卡卡，你的潛在客戶立刻掉頭而去，你一點也不能疏忽。

18、注意託管者

此外，你的網站託管業者技術是否很強，財務是否非常鍵全，都會影響到公司營運成本。

19、實行無薪假

只要不違反勞基法，在合理範圍內，告訴員工說公司已經陷入艱辛經營狀況，只要公司是誠心相告，多半容易獲得員工支持。

20、公版員工服

天空裡，上百家航空公司空姐的服裝總是與旅客出遊裝爭奇鬥艷著。漂亮員工服裝的確讓人賞心悅目。然而一般企業員工服是不需如此精心設計，如果服裝公司有公版可用，直接套用，再冠上公司 logo 就可以了，能省就多省。

21、茶水不再有

員工想喝水自己買，客戶上門也是一視同仁不供應。省了水機的安裝與換濾心費用；還能省下一筆水機耗電費，加加總總，一個月下來省個幾千元沒問題。

22、廁所變陽春

昂貴捲筒衛生紙，洗手滅菌乳；公司可以不再供應，最多只懸掛芳香包除異味而已。

23、廣告卡卡卡

幾乎有 95% 以上廣告主都虛擲廣告支出卻猶然不知。像是口號無病呻吟，像廣告片腳本不知所云，像代言人拼命淘金一下子賣燕麥片，一下子賣汽車，一下子又替手機業廣告，根本就是混淆品牌認知，讓消費者無從挑選真正適合自己的商品。要杜絕這樣浪費，首先要對廣告公司提案有正確判斷力，不能為其誤導。尋找歷經百戰廣告顧問協助，也是杜絕廣告費虛擲良方之一。

24、拍攝費玄機

你找周杰倫代言跟找素人推薦廣告效果當然不相同。不過花幾千萬拍廣告片效果，不一定就勝過百萬拍攝費完成的 CM（廣告影片），一支厲害的腳本是不需花大錢做布景（拍完就得丟棄那些笨重製作物），室外各地場景就可以。要找馬匹當道具，也不需找那碩果僅存白馬。灰馬、黑馬（名不見經傳馬匹）同樣可勝任，腳本中道具愈少、場景簡單、不需豪華製作，光這兩大關鍵點，就能省下好幾百萬呢。

25、每周休 3 天

　　一個禮拜有 7 天卻只工作 4 天，這樣不是生產力下降嗎？那也不盡如此。公司可以先擬出效率查核表，照章 check 員工工作進度與效率。工作沒做完，員工自己要在限期內完成；做不完的，必須帶回家加班。如果公司營運上軌道，每周省下 1 天用電跟相關費用，一年下來同樣也是可觀數字。

26、空拍新任務

　　如果公司業務需要用到快遞或限時間將新鮮料理送到客戶家中，目前只能靠快遞哥 foodpanda；uber eats 或店裡外送。如果想降低營運成本，可以先試營運，將送貨改成空拍機代勞；管它車陣多長，管它艷陽高照，只要料理貨品重量在 2kg 以下都沒問題…使命必達。為一需考量是需替空拍機 drone 加保第三責任險，防止途中不慎撞壞人家汽車或傷及路人，賠了夫人又折兵。（當然大樓或軍事要地就不適用）

27、向員工求助

　　每個月舉辦員工節流點子競賽，請他們用紙張寫下足以降低營運成本點子；如果經高層主管評估確定能省下費用，公司立刻頒發獎金鼓勵。如果方案須經時間考驗才能獲知真正答案，則確定之後再獎賞就可。大原則就是，跟員工取經，百利無一害。

28、字紙簍盤查

隨時撿起員工字紙簍裡廢紙查核，如果紙張背面仍有空白，就得請員工拾起來，寫滿後才能丟棄。

29、保全也能省

雖然大樓都有保全警衛在保護員工安全，然而有些公司仍會因營運狀況不同需要，再請保全公司加裝電眼、特殊監測儀等。為降低成本，可先找三家業者比較承攬價格，選擇條件最好的一家配合。

第七章

法律與外勞
省錢法

花錢就像擠牙膏，擠出容易；
光擠不回填，終究還是變成空

7 之 1 律師

　　一般案子委任律師需付行情約在 4 萬到 10 萬之間，如果案子複雜或屬於高難度，那代價就更高了。往往案件都會經過法院三審（三回合）判決，或再進入高等法院最終裁定，而定讞。以平均每一審需付 6 萬金額來算，光是一個案子前後花上 20 來萬都是稀鬆平常的。如何在委任律師過程中，達到省錢目標呢？

1、尋求介紹人

　　最好找親朋好友或學長介紹曾接觸過律師，往往因關鍵人直接推薦結果，律師會給特別優惠，讓委任人省下 10 ～ 20% 不等委任費。

2、自己寫大綱

　　委任同時要給律師一張清楚書面架構，將自己不利點跟有利點摘要出來，少這動作，會被律師判定案子複雜，加工成訴狀冗時，委任價自然被加收達 50% 以上。

3、通常可分期

　　如果你一時間經費不許可，可試談判先支付少許訂金，等案子成功判決下來，再給予數十或成千上百萬做為酬勞（這種情況通常以標的物價高，如建商損鄰事件，受災戶集體訴訟居多），若非絕對穩贏訴訟，律師是不會接受類似分期包套委任的。

4、圖書館影印

攸關提給律師證物，正本自己要保存完整，需影印備份時，去家裡附近圖書館影印一張只要一元（只限買儲值卡）；而去便利商店每張收取二或三元。影印文件多時，你會花得更多。

5、諮詢免付費

一但我們碰上棘手詐欺背信或酒駕過失傷害事件，如果你找律師諮詢，有的一小時談話費就收 3000 ～ 6000 元不等；如果你直接到法院諮詢櫃台請益，你會得到法律程序，或案情受害人如何提出訴狀，取得加害人賠償相關解答；你是不需花費任何金錢的。

6、關鍵字解答

4 年前我曾因家事法相關問題，求教於北市敦化南路上某大型律師事務所律師，那天我花了 6000 元，整整一小時當中，這位靠行律師拼命做筆記，對於我的問題完全無法作答，令人十分驚訝與沮喪，只因 CP 值真的是零。如果委任之前能先以法律問題關鍵字搜尋相關情報，就不至於有此遺憾了。

7、訴訟不包贏

律師只接受訴訟委任，他們會告訴你可以 xx 罪名針對加害人提告；至於訴訟會成功與否，則不在保證之內，這是你必須有的體認。

8、求償先釐清

想跟對方討回公道或請求損害賠償之前，先調查對方有無名下財產可賠償，若對方沒上班，根本沒收入；就算你取得債權憑證，可依法每月扣她薪水三分之一直到清償為止；到頭來也是白忙一場。

7 之 2 外勞

1、免費陷阱多

一般仲介會收取委任聘僱外勞簽約金最高可達 20000 元。也有業者是分文不收。一分錢一分貨：免費外勞沒好貨（仲介公司沒利潤，就不可能給你好的售後服務，更不可能提供優質外勞）。

2、外勞要聰明

如果你免簽約金請到外勞先別高興，後頭就有你苦頭吃。可能根本不會國語；可能衛生習慣差…etc. 外勞能否舉一反三，跟她聰明度、勤勞度有關。

3、可議服務費

外勞每月需付仲介服務費從 1500 ～ 1800 元不等。雖然這筆錢是外勞自己要負擔；但是雇主可以幫外勞議價（我曾兩度幫家裡外勞每月砍掉 300 元），外勞減輕負擔後她會感激你，做事更認真。

4、意外險加碼

幫外勞保意外險這勞動部有明文規定，擔心她突然有刀傷燙傷或發生車禍緊急送醫…etc. 危急情況。儘管如此，他們意外險只有 30 萬保障；萬一碰到更嚴重事故，那雇主負擔更重。因此建議雇主們無妨加碼幫外勞保意外險。要是真的出險，也不須焦慮萬分，天塌下來都有保險公司擋。如果保險公司願承保，記得受益人可不是雇主，必須是外勞的家屬才行。

5、可省機票錢

外勞告假返鄉或是回國展延聘僱期時，有的雇主願意承擔來回機票錢（約 9000 ～ 20000 元不等；看淡季或旺季；看搭哪家航空公司而定），你可以在她第一天開始上班同時，事先跟外勞協議好雙方各出一半。節省聘僱開銷（最好有白紙黑字，雙語協議書證據）。

6、改直接聘僱

如果外勞照護長輩三年期滿，你可以找直接聘僱中心辦理直聘，幫自己省下簽約金 20,000 元不等。不過你自己跑流程，會花很多時間跟承辦員溝通。而那 40 多張申請表格或需上網登錄一些資料程序非常繁瑣，若非有耐心，最好還是委託仲介公司辦理為宜。

第八章

簡樸國家巡禮

精打又細算，油鹽就不斷

8 之 1 衝動

其實你只要有作帳習慣，每每拿起帳簿翻閱時，你必然會發現的確有很多錢是可以不要花的，可能是三個紅豆餅，可能是專業咖啡店當場研磨一杯印尼 maharaja 咖啡，也可能是路過購物中心非計畫性買了 8000 元歐系保養品……etc. 而諸如此類完全屬於衝動性購買習慣，是可以慢慢改過來的，像是：

1、逛街選伴侶

找姊妹淘逛街時，記得盡量找不會敗家姊妹作陪，因為不會敗家姊妹，不管看到那些商品，她是不會鼓吹你買這買那；相反的你邀約花錢如水姊妹，你可能因她到處推薦結果，讓你荷包暴瘦。

2、廣告別亂點

特別是一些臉書或入口網站中的小廣告，很多文案都很吸引人，你一不小心看到價格便宜一時衝動就 Click 直接下訂單；而往往那項商品並非你最迫切需要的，碰到小廣告時，繼續你原來工作，就不會因此肥了廣告商。

3、薪水不亂逛

不管你發薪水日是 5 號或 30 號，記得拿到薪水後趕快回家，如果大把錢隨身攜帶，很容易閒逛商店街結果，多買一些不需要東西。

4、廣告少看它

　　拒絕看電視廣告片，也是省錢好方法之一。其實很多廣告影片都拍得非常優質，有致命吸引力，像精品手錶，超跑，高檔手機，你一不小心，就會掉入創意陷阱，多花一些錢，從現在起，試著看到廣告就先跳台。

5、聽話要聰明

　　在這世上你能絕對相信的只有神，跟銀行存款，跟你家老狗而已。（老伴有時也會出軌或背叛，因此不能完全信賴）；往往美容顧問或汽車銷售代表或房仲主管為了績效，自然會有輕諾寡信行為出現；有鑑於此，避免一時衝動做出不理性購買決策，無妨將這些銷售菁英的話，聽聽就好，決不要全盤相信。

6、長假當宅女

　　放長假時，員工是笑容滿面，因為不需工作還有錢領，但老闆可是悲從心來；薪水需照發，工作進度會延後；放長假時許多衝動性購買同樣處處可見。像是遊樂區裏美食街，高速公路休息站，知名餐廳，夜市，甚至網路銷售平台強調 8 小時到貨都是明顯例子，放長假時依然老神在在當宅男宅女，就是不出門會省很多不需要的開銷。

7、扔傳單廣告

　　而家裡常收到商品促銷 DM 手冊，直接扔掉它，因為看了後就會想買這買那。

8、少帶卡逛街

出門前最好將信用卡放家裡,一但看到心儀商品,摸摸口袋,衝動購買那把火已經被澆滅大半。

9、吃過再上街

逛街前,先在家裡填飽肚子,一旦經過烘焙店你也不會想買精緻點心,一旦經過美食街餐館,飽足感讓你食慾大大降低。

---

8 之 2 各國儲蓄率

個人儲蓄率世界排名

- 法國 France:15.4%
- 澳洲 Australia:11.1%
- 德國 Germany:9.9%
- 西班牙 Spain:9.1%
- 英國 UK:5.8%
- 加拿大 Canada:5.0%
- 愛爾蘭 Ireland:5.0%
- 美國 US:3%
- 日本 Japan:0.8%   【Source:20 something finance】

家庭儲蓄率世界排名：OECD 經濟合作暨發展組織國會員國

- 瑞士 Switzerland：18.7%
- 瑞典 Sweden：15.9%
- 盧森堡 Luxembourg：14.3%
- 德國 Germany：9.9%
- 南韓 Korea：8.9%　　　　　　　　　【Source：NGPF】

在全球 100 多國家地區中，每一個國家的個人儲蓄率都不盡相同。排名第一的國民儲蓄率高達 17.82%；而墊底者低到 -4.1%。

最會儲蓄前 5 名跟倒數 5 名分別是

- 瑞士：17.82%
- 盧森堡：17.34%
- 瑞典：15.83%
- 德國：9.55%
- 匈牙利：9.02%

敬陪末座 5 國是

- 丹麥：-4.06%
- 芬蘭：0.82%
- 日本：2.42%
- 西班牙：2.88%
- 愛沙尼亞：2.93%　　　　【資料來源：Global Finance Magazine】

台灣平均每一個人約 77 萬儲蓄金額

8 之 3 簡樸國度巡禮

排名第一：新加坡

新加坡國民簡樸度，高居世界第一位，平均每家庭每年所得的 48%儲蓄起來。更不可思議是，人口有 561 萬 2 千之多；每個國民每年出國觀光花費還不到台幣 100 元台幣。100 元的旅費在國內消費的話，只能從台北站坐到中壢站（自強號 89 元）。

第二名：愛爾蘭

根據調查發現，愛爾蘭儲蓄率 36.7%；該國網民光是以『控制預算』關鍵字進去 google 搜索次數，就佔總搜索次數的 52%之多。

第三名：沙烏地阿拉伯

第四名：俄羅斯

第五名：德國

第六名：捷克共和國

第七名：波蘭

第八名：南韓

第九名：瑞典

第十名：斯洛伐克

附註：中國儲蓄率高達 30%

負債排名敬陪末座是紐西蘭，每人擁有一張信用卡比例約佔總人口數 61%，平均每戶家庭負債比約為 GDP 的 92.46%，國民負債情形的確嚇人。

負債比率最低沙烏地阿拉伯跟俄羅斯，其家庭負債比率分別是 16%與 20%。

月薪世界排名（換算成萬元台幣）

第一位：瑞士 20.13

第二位：挪威 18.9

第三位：美國 14.5

第四位：愛爾蘭 13.8

第五位：星城 13.6

＊ Credits：

『英國廉價旅店網站』。該網站針對全球主要國家的家庭債務，信用卡普及率，google 關鍵字搜尋控制預算，家庭儲蓄金額，捐慈善機構情形、旅遊花費、手機通訊費，每年每月家庭支出，每月食物支出等儲蓄相關因子，作綜合計算得來。

第九章

小孩省錢法

省下菸酒錢，缺錢免求人

一般而言，小孩支出不外安親或補習費、學費、保母或托育費、才藝學費跟伙食費娛樂費衣物費這幾大類，往往小孩花費比大人都來的高。其實所有支出當中幾乎都可以讓成本降低的。我們先從她出生開始來分析吧。

1、婆婆媽媽好

坐月子請孃孃或婆婆代勞，工作當然辛苦，付個三萬五萬元給她都比坐月子中心 30 天要省七八萬。雖然同時有飲食內容及寶寶的照顧方法意見分歧隱憂，不過可試著在產後前兩週，體況最不舒服、最需要專業護理人員協助之時，選先住在專業產後護理機構，將哺乳及育兒技巧、基本知識都學會，體力也恢復之後，再可以返家坐月子，請長輩幫忙照顧。

2、母乳冰著用

將母乳儲備起來，改用冰凍母乳餵小孩，每個月省下數千元嬰兒奶粉錢。

3、玩具 DIY

將廢物利用，動手自己做幼兒玩具。

4、明星學校夢

不要迷信好的學校。學費再貴師資再優的學校，也不一定完全適合自己的孩子。固然明星學校有著歷史悠久優良傳統，然而一些公立或私立學校師資也是優秀。重要是想過簡樸生活的話，還是應以節省支出為最大考量。

5、才藝班迷思

固然讓小孩上才藝班可舒緩他們課業壓力，培養出藝術情操。不過話說回來，太多太多家長花很多錢讓孩子上鋼琴或其他樂器課程、舞蹈、心算後，他們並沒有繼續發展（半途而廢），無形當中很多積蓄都因此浪費。像鋼琴放到鍵盤走音，吉他滿布灰塵非常可惜。而真正能在才華領域中出人頭地者，畢竟還是少數中少數。

6、免十全大補

課後輔導或補習情形也大致如此，很多錢都虛擲。10 全大補習希望小孩每一科都面面俱到也實在困難，除非小孩理解力強，消化快，不然壓力會逼得她喘不過氣來。挑重點補（加強孩子最弱科目一個或兩個），往往能小兵立大功。

7、邀鄉下爺奶

每隔一段時間就邀請鄉下爸媽從南部上來先住家裡幾天，再將他們送到哥哥或弟弟家輪流住。通常爺爺奶奶都會帶好多伴手禮給你。而輪到哥哥或弟弟住家時，他們的伴手禮早被你完全接收了。

8、衣物挑耐穿

挑幼兒衣物首重耐穿度，如果你還會有第二胎第三胎打算，就可將老大衣物留給老二老三穿，不需再花錢添購。

9、玩具挑廉價

幼兒心理一千元玩具跟一百元品質或娛樂價值差別在哪裡，他們是沒概念的，如果能用 10 元就讓寶貝玩得盡興，又何必一定要買昂貴玩具？

10、避免名牌衣

讓小孩穿名牌衣只是滿足父母自己虛榮心，在旁人眼裡看來意義不大。

11、平板電腦 No

有太多五歲小孩就已經能玩平板電腦遊戲。身為父母應嚴格限制幼兒使用時間，避免他們玩物喪志，甚至從小就已經有浪費習慣。

12、家事拿酬勞

如果小孩從小就被教育要做簡單家事，幫忙洗碗掃地比較容易會有簡樸個性，父母可在在做完家事後打賞激勵。

13、幫他們剪髮

　　平常備妥一把打薄刀，一把剪髮刀替小孩理髮，省下理髮費用。

第十章

身後事
省錢法

一天省一口，一年省數斗

辛苦遭逢起一經，干戈寥落四周星。山河破碎風飄絮，身世浮沉雨打萍。

惶恐灘頭說惶恐，零丁洋裏嘆零丁。『人生自古誰無死？留取丹心照汗青』。

（宋代文天祥）

『死重如泰山，輕如鴻毛』

（司馬遷）

當家屬大限之日來到時，如何順利處理後事，又能達到結流目標呢？

1、骨灰罈迷思

首先業者會告訴你，在家人最後旅途中，給他最好骨灰罐，表達你的孝心，因此買個品質較好骨灰罈對你往後事業有很大幫助。而業者說服家屬買高檔棺木情形也是如此。對有錢人來說，那根本不是問題。而對甚多家境不寬裕者，可能就會有財務上困擾。其品質好壞價差十來萬也是很平常的。面臨業者熱心推薦高檔商品同時，你不妨仔細思量。如果你對長輩生前照護已經做到盡善盡美，那身後事是不需奢華應對；心存敬意，簡樸處理同樣功德無量。

2、砍生前契約

因為投資塔位、生前契約被套牢削價求現者不少，你可以在網路上一一比價，了解契約有提供服務是哪些，過戶費有包括嗎？如

果你勇於砍價，一張生前契約就可能讓你砍下三、四萬元。而塔位
情況也大致如此。

3、葬法也可省

選擇火化或是土葬費用差別也是滿大。有的買個私人土地下葬
跟好的棺木費用就破百萬。如果選擇海葬樹葬或花葬，不但很環保，
連塔位的龐大費用都可省下來。

4、7 天免費期

一般殯儀館提供免費冰凍大體時間為 7 天。7 天之內如果你火
化或遷到別的地方，他們不會計費。大體多存放一天另須支付每天
400 元費用。可能的話，就一個禮拜內處理完畢。

5、追思可儉約

一般精舍或專業追思禮堂會收取每天 1000 元不等租金。牌位
擺愈久，租金就更高。家屬大可在殯儀館 7 天免費期遊戲規則下，7
天免費期一到，立即火化，接著馬上送葬，能幫家屬省掉可觀處理
費用。

6、誦經禱告法

如果請師傅選擇在寺廟或禮堂做頭七到七七，可能就得花上 10

萬元，如果找助念團幫忙相對成本降很多。基督徒的話，都是會請牧師長老或弟兄姊妹同心合力禱告，很多都是義務服事的。

7、合併做法會

可以將頭七跟二七合著做，三七跟四七合併，以此類推；省一半經費。

8、親友免聚餐

有的比較隆重者，還會在送進塔位整個過程結束回家途中，找餐廳款待親友一路相送。然而還是會有少數親友毫無顧忌在酒酣耳熱時，開始划拳炫耀酒量。無視家屬依然傷痛未去。有鑑於此，能不招待就無需花費。

9、確認生前約

不要百分百相信 sales 口頭承諾，購買合約同時，請 sales 白紙黑字寫下生前契約或塔位有提供哪些免費服務；哪些項目需要額外付費。寫愈清楚，對你愈有保障。

終　章

結論

以超富爲師

　　蘋果電腦集團創辦人史提夫賈伯，有一回去美國曼哈頓剛好遇上寒流來襲，隨行的親信要買厚外衣讓他禦寒，以免凍壞身體，但被他拒絕。他認為生活應簡樸，必須有嚴格預算控制。不能隨便亂花。

· · ·

　　曠世發明家 BenjminFranklin 班哲明富蘭克林生活格言是：
　　"能存下一分錢，就是賺到一分錢 a penny saved is a penny earned"
　　"早睡早起身體好，能帶來聰明跟財富"
　　他三餐非常簡單，穿著也是簡樸到不行。

　　　　　　　•　•　•　•

　　宗慶後（中國娃哈哈集團的創始人），在 2010 年時就已榮登中國首富，現其資產淨值超過 2400 億台幣，他最愛的食物是雪菜跟豆腐。

　　他常說：哪怕穿得再差一點，人家也不會把我當成是乞丐的。

　　外人哪知道我身上衣服究竟值 5000 元還是只值 500 元，既然不知道，我又何必去多花那些無謂的金錢？

　　看了這麼多位資產達天文數字傑出企業家，都已經以身作則向世人展現他們可貴的簡樸生活面，你當可以他們為師，全家動員起來，不需害怕會被人嘲笑變成鐵公雞，因為只有你深知即使大船破一個小洞，最後它還是會被大海給吞沒理財真諦。

簡樸無捷徑最怕有心人

　　執行簡樸計畫沒有想像中那麼難，初期半年內只需先擬定好每月要節流項目與金額、天天記帳、時常查核花費軌跡逐步修正，最後，向目標挺進就對了。

　　半年之後妳將漸漸適應沒有汽車，沒有電視，自己種菜，在家做料理，再也沒有治裝慾望……渾身輕鬆、完全零負擔悠閒時光。妳會發現，原來如此生活型態已經為『反璞歸真』做了最佳的見證。妳也更了解為什麼古聖先賢勸說『節儉是一種美德』真實涵義了。

簡樸加強版

如果你覺得前面諸多簡樸生活方法還無法滿足你願望,那就狠下心來試試以下終極簡樸生活吧

1、露營車為家

跟出租業者租下小型露營車,找一個附近有水源小山上,自己準備發電機帶些簡易日用品,開始過你的山居歲月。菜自己種,魚自己撈,頭髮自己剪,偶而才下山回復以往家居生活型態。如果你有勇氣嘗試,你會省下更多的錢去行善。

2、加長貨櫃屋

在電影裡我們也常會看到貨櫃屋人家一些生活片段,除有自給自足優點外,哪有房屋稅地價稅;連社區管理費都不需繳。這類型居家設備樣樣俱全有廚房、有餐廳、有電視可看,甚至衛浴設備都還是最新型的。只要你有心,住進去之後還是可省下很多生活費的。

3、漂泊流浪者

從另一個角度看無家可歸,一點也不悲哀。它不過是一個人拋開所有世俗雜念反璞歸真到極點後的另一種生活方式,只要達觀都能隨遇而安,你大可開著車到處遊走,累了下車休息,活力來了再上路。每個地方待個幾天,反正各地都有便利商店,不須擔心會餓到肚子。

4、新水上人家

　　你可上網購買一條二手小船，生活在船上。你要養寵物也行，你想欣賞電視節目也沒問題；只要船體結構堅固，自己有救生設備，就可以。雖然它無法沿著海岸線遠行到另一地點，但單就簡樸精神來說，新水上人家生活樣式已經名符其實了。

簡樸進階版

1、要求伴手禮

　　跟訪客要求自己帶茶包或水果過來家裡聚會。（主人不需備餐）

2、每天花 100 元

　　給家人的三餐伙食費，嚴格控制在每個人 100 元以內。

3、開水新煮法

　　煮開水用微波爐，不過不能將不銹鋼碗盤鍋放進去。

4、禮到人不到

　　接到喜帖通知時，只寄禮金，人不過去，省化妝、省車錢跟舟車奔波時間。再說，包出 1600 禮金只能吃到 10 道菜色，CP 值不見得高（包 3000 賀禮的話，更不用說了）。

5、超市挑夜晚

進超市時間在晚上九點之後，容易撿到便宜。

6、瓶口小最省

選洗衣精要挑瓶口最小最窄；若瓶口大容易倒出過量，損失也大。

7、防曬當保濕

將防曬油當夏天防曬傷使用，其他季節當保濕品使用。

8、電池換普通

冷氣或電視遙控器鋰電池改為普通的就好，不要鋰電池。

9、細字省油墨

列印文件之前把字體調成細明體，字體大小十二級，最省油墨。

10、結交簡樸友

只結交節儉男女朋友，將簡樸力量擴大為兩倍。

11、茶包也能省

茶包不要只泡一次太浪費。第一次 30 秒後先拿起茶包，第二次放 60 秒、第三次 90 秒。

12、帶小孩討禮

過年期間，帶小孩或長輩到朋友家拜年賺紅包。

13、茶葉去口臭

將泡過七、八次茶葉末先別丟掉，放一些進嘴裡咬嚼約十秒後，用水漱口，重複三次可除口臭，漱口水的錢也省了。

14、保人呆弊了

打死也不能當親友同事之保證人，一旦出事，你可能賣掉十棟房子都不夠賠銀行。

15、結交有錢人

設法跟有錢人打交道，學她們的賺錢省錢哲學。

16、亂賭賠家當

絕對不要跟陌生人打牌，容易遭詐賭，賠光家當。

17、餐費別人出

盡量利用中午或晚飯時間找朋友，讓她們買便當給你。

利用周休二日，到朋友家裡聊天，餐點朋友會打理。

18、牙膏最傷口

甚多廉價牙膏（名牌居多）都是化學合成物所製造，用久破壞口腔裡好菌，甚至還會傷及牙齒琺瑯質。

附表

● 月收入表

<table>
<tr><td rowspan="11">本月收入</td><td colspan="2">先生薪水</td><td></td><td>元</td></tr>
<tr><td colspan="2">老婆薪水</td><td></td><td>元</td></tr>
<tr><td rowspan="9">其他收入</td><td>房租補助</td><td></td><td>元</td></tr>
<tr><td>國民年金</td><td></td><td>元</td></tr>
<tr><td>房屋出租</td><td></td><td>元</td></tr>
<tr><td>小孩奉養金</td><td></td><td>元</td></tr>
<tr><td>股利</td><td></td><td>元</td></tr>
<tr><td>存款利息</td><td></td><td>元</td></tr>
<tr><td>版稅、稿費</td><td></td><td>元</td></tr>
<tr><td>發票、樂透</td><td></td><td>元</td></tr>
<tr><td>其他</td><td></td><td>元</td></tr>
<tr><td colspan="3">總計</td><td>元</td></tr>
</table>

● 月固定支出表

	內容	支付日	金額（元）
固定支出	網路		
	手機綁約型		
	有線電視		
	家電分期		
	車貸		
	房貸		
	信用貸款		
	訂閱報章雜誌		
	褓母費		
	上下班交通費		
	小孩零用錢		
	支付房租		
	小孩課輔補習		
	外勞薪水		
	社區管理費		
	保險費		
	其他 1		
	其他 2		
	總計		元

● 愛車保養費節流表之一單位：元

月／日	內容	（A） 預估花費	（B） 實際花費	差額 （A－B）
／	如：洗車打蠟			
／	換保險桿			
／	檢查傳動軸			
／				
／				
／				
／				
／				
／				
／				
／				
／				
／				
／				
／				
／				
／				
／				
／				
Total		元	元	元

A 加總　減掉　B 加總　＝　實際差異金額

● 【節流行動Ａ計畫表】單位：元

	支出項目	A. 預計花費	B. 實際支出
1	送禮		
2	小孩		
3	外勞（週日加班、年終、平日激勵金）		
4	娛樂		
5	旅遊		
6	食物		
7	家庭		
8	醫療（或照護長輩）		
9	學雜		
10	清潔		
11	嗜好（茶葉、咖啡、品酒）		
12	外食		
13	治裝		
14	水果		
15	飲水		
16	手機、市話		
17	電費		
18	瓦斯		
19	加油（愛車）、搭小黃		
20	網路、中華 MOD		
21	其他		
小計		【A】	【B】
節流結果【B】-【A】			元

● 【節流行動 B 計畫表】單位：元

	支出項目	預計花費	實際支出
1	愛車加油、叫小黃		
2	手機通訊		
3	食物		
4	蔬菜水果		
5	購物		
6	治裝		
7	飲品、家庭飲水		
8	水費		
9	天然氣		
10	電費		
11	醫療醫藥		
12	家人或長輩照護費		
13	學雜費		
14	小孩零用錢		
15	聚餐費		
16	紅白包		
17	（以下自填）		
18			
19			
20			
21			
我預計這個月節流共多少金額			元

● 變動支出表：（元）

	內容	支付日	預算金額	實支付額	差異金額
變動支出	電氣費				
	瓦斯天然氣				
	水費、蔬菜、水果				
	食材				
	醫藥醫療				
	汽油（汽機車）				
	手機（儲值卡）				
	嗜好				
	長輩照護耗材				
	營養品（長輩小孩）				
	市話				
	文具				
	郵遞費				
	清潔				
	治裝				
	信用卡				
	送禮				
總計			元	元	元

國家圖書館出版品預行編目（CIP）資料

簡樸女神 / 周紹賢著. -- 一版. -- 新北市：優品文化，
2021.05；192 面；15x21 公分（Life Style；01）
ISBN 978-986-5481-04-9（平裝）

1. 簡化生活 2. 生活指導
192.5   110006618

Life Style 01

簡樸女神

64 則激省策略 · 72 個省到爆妙招

作　者	周紹賢（品牌醫生）
總 編 輯	薛永年
美術總監	馬慧琪
文字編輯	董書宜
美術編輯	黃頌哲

出 版 者　　優品文化事業有限公司
　　　　　　地址：新北市新莊區化成路 293 巷 32 號
　　　　　　電話：(02) 8521-2523 / 傳真：(02) 8521-6206
　　　　　　信箱：8521service@gmail.com
　　　　　　（如有任何疑問請聯絡此信箱洽詢）

印　　刷　　鴻嘉彩藝印刷股份有限公司

業務副總　　林啓瑞 0988-558-575

總 經 銷　　大和書報圖書股份有限公司
　　　　　　地址：新北市新莊區五工五路 2 號
　　　　　　電話：(02) 8990-2588 / 傳真：(02) 2299-7900
　　　　　　網路書店：www.books.com.tw 博客來網路書店

出版日期　　2021 年 05 月
版　　次　　一版一刷
定　　價　　220 元

上優好書網　　　FB 粉絲專頁